D1929904

Inhalt

Fermi-Aufgaben im Unterricht – ein Erfahrungsbericht

Vielleicht haben Sie schon einmal eine Fermi-Aufgabe in Ihrem Mathematikunterricht eingesetzt. Vielleicht auch ohne es zu wissen – denn der Name „Fermi-Aufgabe" ist zwar recht neu, nicht aber die Idee dahinter. Haben Sie schon einmal etwas über Fermi-Aufgaben gelesen? Oder hat ein Erfahrungsbericht wie der folgende Ihre Neugier geweckt?

„Seitdem ich in der Fachkonferenz durch eine Kollegin von einer ganz anderen Art von Mathematikaufgaben gehört habe, gehen mir diese nicht mehr aus dem Kopf. Sie hatte ihren Schülerinnen und Schülern immer wieder mal ganz einfache Fragen gestellt:

- „Wie viel wiegen alle Schülerinnen und Schüler unserer Schule zusammen?"
- „Wie viele Luftballons passen in unseren Klassenraum?"
- „Wie viel Kreide wird in unserer Schule in einem Jahr verbraucht?"

© J. Müller

Beeindruckt von ihrem Bericht, wie die Schülerinnen und Schüler mit diesen Fragen umgegangen sind, möchte ich es auch ausprobieren – möglichst bald nach Schuljahresbeginn in meiner Klasse 5. Die Kinder bringen erfahrungsgemäß sehr unterschiedliche Voraussetzungen mit: Einige scheinen noch Schwierigkeiten mit den Grundrechenarten zu haben, während andere die Aufgaben immer im Handumdrehen lösen. Kann ich dann mit gutem Gewissen so offene Aufgaben stellen? Ich versuche es einfach.

Ich bilde sechs Vierer-Gruppen und stelle jeder Gruppe eine der drei Fragen, an die ich mich noch erinnern kann. Ich erzähle vorher, dass ich selbst noch kein Ergebnis kenne und dass es sicher mehrere sinnvolle Lösungen geben kann. Mir ist wichtig, *auf welchen Wegen* die Antworten zustande kommen – diese Lösungswege sollen die Gruppen für eine Präsentation auf einem Poster dokumentieren.

In allen Gruppen entwickeln sich umgehend lebhafte Gespräche, an denen alle, wirklich *alle* beteiligt sind – das ist sonst nicht immer so. Bei meinen Beobachtungen stelle ich fest, dass weiterführende Ideen gerade auch von solchen Schülerinnen und Schülern kommen, die mir bislang noch nicht als besonders engagiert aufgefallen sind.

Eine der „Luftballon"-Gruppen hat in der Ecke einen Besen entdeckt. Er wird zunächst mit dem Lineal ausgemessen. Dann vermisst die Gruppe den Klassenraum mit dem Besen: Länge und Breite sind schnell erfasst, und für die Bestimmung der Raumhöhe steigt Tine auf einen Tisch … Schließlich liegen die Maße vor – aber wie groß ist eigentlich ein Luftballon? Jetzt muss aus der Erinnerung heraus geschätzt werden. Die

Woher kommen eigentlich Fermi-Aufgaben?

© akg

Ihren Namen tragen die Fermi-Fragen zu Ehren von Enrico Fermi, dem italienischen Kernphysiker, der 1901 in Rom geboren wurde und 1954 in Chicago starb. In Rom hat er viele theoretische Arbeiten zur Festkörper- und Quantenphysik verfasst. In den USA war er maßgeblich an der Erforschung radioaktiver Kettenreaktionen und der Entwicklung der ersten Atombomben beteiligt, später war er entschiedener Gegner solcher Massenvernichtungswaffen.
In der Atom- und Kernphysik wird die Maßeinheit, mit der atomare Abstände gemessen werden, der Femtometer (1 fm = 10^{-15}m), auch „Fermi“ genannt.
Eine ganze Familie von Elementarteilchen, zu denen auch die Elektronen und Neutrinos gehören, heißen „Fermionen“, und das große Beschleunigerlabor in Chicago trägt den Namen „Fermilab“.
Aber wieso werden Mathematikaufgaben nach ihm benannt? Enrico Fermi war dafür bekannt, trotz mangelnder Informationen spontan gute Abschätzungen liefern zu können – beispielsweise warf er beim ersten Atombombentest Papierschnipsel in die Luft und beobachtete, wie weit diese durch die Druckwelle weggeblasen wurden. Daraus konnte er direkt vor Ort die ungefähre Sprengkraft der Bombe abschätzen, lange bevor die Messungen ausgewertet waren.

Auch seinen Studenten stellte er solche Abschätzungsfragen. Die wohl populärste lautet:
- Wie viele Klavierstimmer gibt es in Chicago?

Fermi schätzt zunächst die Einwohnerzahl auf 3 Millionen und die Größe einer durchschnittlichen Familie auf vier Personen. Vielleicht jede dritte Familie besitzt ein Klavier, so dass es in Chicago rund 250000 Klaviere gibt. Weiterhin schätzt er, dass ein Klavier im Schnitt alle 10 Jahre gestimmt wird. Pro Jahr sind also 25000 Klaviere zu stimmen. Wenn ein Klavierstimmer pro Tag vier Klaviere stimmen kann, kommt er bei 250 Arbeitstagen pro Jahr auf 1000 Klaviere. Demnach braucht Chicago mindestens 25 Klavierstimmer.

Gruppe einigt sich auf einen Durchmesser von ungefähr 30 Zentimetern. Nun liegen alle erforderlichen Daten vor – aber da wir im Unterricht die Volumenberechnung noch nicht thematisiert haben, ergeben sich die nächsten Schritte zum Ergebnis nicht von selbst. Nun haben Mara und Jonas eine Idee: Sie überlegen, wie viele Luftballons wohl auf die Wand mit der Tafel passen: 12 übereinander und 20 nebeneinander, also insgesamt 240. Tine meint, nun müssten sie nur noch überlegen, wie viele solcher „Ballonwände“ hintereinander wohl die Klasse ausfüllen. Da sie eine Länge von neun Metern gemessen haben, rechnen sie 30 · 240 und staunen: 7200 Luftballons im Klassenraum – kann das wirklich stimmen? Es können doch bestimmt höchstens 720 sein ... – wer könnte denn 7200 Ballons aufpusten? Tom ist der sicherste Rechner, er kontrolliert noch einmal alle Schritte und kommt zum Schluss: ‚Wenn wir richtig gedacht haben, müssen es wirklich 7200 Ballons sein!'

Auch bei den anderen Gruppen stelle ich erstaunt fest, wie flexibel und kreativ die Schülerinnen und Schüler mit ihren vorhandenen mathematischen Fähigkeiten und ihren Größenvorstellungen umgehen. Immer wieder werden Daten selbst erhoben oder geschätzt und durch Plausibilitätsbetrachtungen abgesichert.

Eine Gruppe, die das Gesamtgewicht aller Schülerinnen und Schüler unserer Schule bestimmen soll, fragt alle Kinder in der Klasse und einigt sich dann auf ein ‚mittleres Gewicht' eines Fünftklässlers. ‚Manche sind halt schwerer, manche leichter, da wird es insgesamt schon ungefähr hinkommen', meint Robin. Bei Zehntklässlern gehen sie von 70 Kilogramm aus, und für die anderen Jahrgänge nehmen sie Zwischenwerte. Am Ende stehen etwa 5,5 Tonnen Gesamtgewicht – so viel!? Wirklich!?

Die Kreideexperten in der Klasse probieren zunächst aus, wie lange man mit einem Stück Kreide schreiben kann. Die Tafel ist bald voll, die Kreide fast verbraucht. Am Ende steht eine Schätzung von 1000 Schachteln Kreide, die unsere Schule in einem Jahr verbraucht – auch diese Zahl überrascht aufgrund ihrer Größenordnung.

Beim abschließenden Rundgang betrachten alle die liebevoll gestalteten Poster, vergleichen ihre Herangehensweisen mit denen der anderen Gruppen und freuen sich darüber, heute ‚richtig etwas geschafft zu haben' ..."

Dieser Kollege hat sich offensichtlich während seines kleinen „Unterrichtsexperiments" sehr wohl gefühlt und dabei viel Neues über die Kompetenzen seiner Schüler und Schülerinnen erfahren:

- Alle Schülerinnen und Schüler haben sich aktiv und mit weiterführenden Beiträgen an der Gruppenarbeit beteiligt.
- Dabei haben sie ihre Alltagserfahrungen – vor allem Größenvorstellungen – genutzt. Sie haben die auf den ersten Blick kaum beantwortbaren Fragen in „handliche" Teilprobleme zerlegt und ihre Ergebnisse rechnerisch und durch Plausibilitätsbetrachtungen kontrolliert.
- Mathematische Konzepte, die noch gar nicht „richtig" im Unterricht eingeführt worden sind (wie das Volumen oder das arithmetische Mittel) wurden in natürlicher, noch nicht formalisierter Weise inhaltlich sinnvoll entwickelt und genutzt.
- Der Unterricht hat sich dabei insgesamt geöffnet: Ausgehend von einer Frage haben die Gruppen ihre Arbeitsprozesse selbst in die Hand genommen und eigene Lösungswege entwickelt.
- Schülerinnen und Schüler haben nach einer anfänglichen Verunsicherung akzeptiert, dass Mathematikaufgaben mehr als nur eine einzige Lösung besitzen können.
- Am Ende hatten alle das Gefühl, sehr „handfeste" Ergebnisse zu haben: Mathematik wurde genutzt, um einen Ausschnitt ihrer Umwelt zu erschließen.

Wozu sind Fermi-Aufgaben gut?

Der vorhergehende Erfahrungsbericht und die sich anschließende Reflexion deuten das Potenzial von Fermi-Aufgaben schon an. Hier möchten wir nun systematisch darstellen, warum der Einsatz dieser Aufgaben gut zu den Zielen eines zeitgemäßen Mathematikunterrichts passt.

Unterricht öffnen – selbstständig und kooperativ lernen

Fermi-Aufgaben führen auf einfache Weise zu einer Öffnung des Unterrichts. Die Schülerinnen und Schüler können sich über weite Strecken selbstständig und kooperativ mit einem Problem beschäftigen, das gleichermaßen sowohl in der Wirklichkeit als auch in der Mathematik verankert ist.

Argumentieren und Kommunizieren

Die vorgestellten Situationen sind anregend: Die Fragen führen durchweg zu einer intensiven Diskussion über mögliche Annahmen und über die Glaubwürdigkeit der unterschiedlichen Ergebnisse. Auf diese Weise lässt sich das Lernen als aktive und soziale Auseinandersetzung gestalten. Fermi-Aufgaben fördern daher besonders Kompetenzen in den Bereichen Argumentieren und Kommunizieren.

Mit Unsicherheiten umgehen

Die Offenheit der Aufgaben verlangt von den Schülerinnen und Schülern, eigene Entscheidungen zu treffen. Selbst dann, wenn der Bearbeitungsweg anfangs überhaupt nicht klar ist, gilt es, sich mit dem Problem auseinanderzusetzen und sich auf den Weg zu machen: „Fang doch mal an!"

Strategisch arbeiten und Probleme lösen

Um zu einem Ergebnis zu gelangen, muss oft das Problem zerlegt werden. Es sind erst einmal Teilfragen zu stellen und zu lösen, aus denen sich nach und nach ein Gesamtbild ergibt. Und auch wenn die Schülerinnen und Schüler ein Ergebnis gefunden haben, müssen sie damit umgehen, dass es nicht so etwas wie *die eine* Musterlösung gibt. Sie müssen ihre Ergebnisse und Lösungswege vergleichen und bewerten. All diese Tätigkeiten tragen zum Aufbau von Kompetenzen im Bereich Problemlösen bei.

Die Realität ernst nehmen und mit Mathematik erfassen

Das sonst eher schematische Abarbeiten von Textaufgaben führt oft dazu, dass Schülerinnen und Schüler unreflektiert einfach mit allen Daten aus der Aufgabenstellung rechnen, ohne zu überprüfen, ob der Rechenansatz angemessen ist und zu einer sinnvollen Lösung führen kann. (Was dazu beiträgt, dass einige Schülerinnen und Schüler bereit sind, auch unsinnige, so genannte „Kapitänsaufgaben" zu bearbeiten: „Auf einem Schiff sind 17 Schafe und 11 Ziegen – wie alt ist der Kapitän?" Es ist ja klar, wie man rechnen muss: $17 + 11 = 28$ Jahre.)

Modellieren

Der direkte Bezug zur Realität zwingt zum Nachdenken über die Interpretationen von Rechenwegen und (Zwischen-)Lösungen sowie zum Überprüfen der Lösungen mit Blick auf die reale Situation. Damit fördern Fermi-Fragen von Anfang an Kompetenzen im Bereich Modellieren.

„Weiche“ Mathematik

Schätzen und Überschlagen

Fermi-Aufgaben können zu vielfältigen mathematischen Aktivitäten führen. Viele Inhaltsbereiche verschiedener Schuljahre lassen sich mit Fermi-Aufgaben verbinden. Immer wiederkehrende Tätigkeiten sind dabei das begründete Schätzen und das sinnvolle Überschlagen.

Proportionalitäten nutzen

Bei Rechnungen und insbesondere bei der Angabe von Ergebnissen ist zudem ein angemessenes Runden erforderlich. Bei vielen Fermi-Aufgaben werden proportionale Zusammenhänge ausgenutzt.

Umgang mit Größen und Einheiten

Die meisten Fermi-Aufgaben, bei denen es nicht um Anzahlen geht, beschäftigen sich mit Größen wie Längen, Flächen, Volumina, Zeiten, Gewichten usw. Der angemessene Umgang mit Größen und Einheiten wird dabei ebenso gefördert wie der Aufbau so genannter „Stützpunktvorstellungen“: Wie hoch ist eigentlich eine Tür? Wie lang ist ein Auto? Wie viel sind 1000 Liter? Was wiegt 1 Tonne? Wie viel ist 1 Million?

Funktionale Zusammenhänge entdecken

Hat man nun ein Ergebnis berechnet, so stellt sich auch die Frage, wie es von den getroffenen Annahmen abhängt. Welche Daten haben wir geschätzt? Was wäre, wenn wir nun 50 Schüler weniger an der Schule sind – würde das viel ausmachen? Oder wenn die Luftballons nun einen Durchmesser von 40 cm statt von 30 cm haben – wie viele passen dann in die Klasse? Je nach Klassenstufe können diese Betrachtungen weiter ausgeführt werden.

Woran erkennt man Fermi-Aufgaben?

Im einleitenden Erfahrungsbericht haben Sie bereits einige Fermi-Aufgaben kennen gelernt. Aber was genau macht eigentlich geeignete Fragen aus, mit denen man die hier dargestellten Ziele erreichen kann?

Fermi-Aufgaben sind realitätsbezogen

Oft besteht eine Fermi-Aufgabe nur aus einer einzigen Frage, wie zum Beispiel: „Wie viele Luftballons passen in ein Klassenzimmer?“. (Deswegen findet man auch gelegentlich die Bezeichnung „Fermi-Frage“.) Viele Fermi-Fragen beginnen mit „Wie viel …?“ „Wie oft…?“

„Wie groß ...?“, was darauf hindeutet, dass es inhaltlich häufig um Probleme des Zählens oder des Ermittelns von Größen in Alltagssituationen geht.

Fermi-Aufgaben sind zugänglich

Fermi-Aufgaben beziehen sich grundsätzlich auf die uns umgebende Umwelt, meist auf Phänomene aus dem Alltag. Sie sind daher für Schülerinnen und Schüler gut zugänglich und erschließen Erfahrungsbereiche aus dem täglichen Leben.

fordern heraus

Schülerinnen und Schüler können und müssen bei diesen Aufgaben ihr Alltagswissen einbringen. Anders als bei herkömmlichen Textaufgaben sind ganz bewusst nicht alle Daten, die zur Bearbeitung nötig sind, gegeben. Diese müssen durch Alltagswissen, plausible Annahmen oder gelegentlich auch durch Recherche in die Aufgabe eingebracht werden.

sind offen

Also sind Fermi-Aufgaben immer offene Aufgaben: Schülerinnen und Schüler können unterschiedliche Annahmen machen, unterschiedliche Bearbeitungswege einschlagen und damit auch unterschiedliche Ergebnisse erzielen.

fördern Kompetenzen

Die Ergebnisse werden nicht allein durch reines Rechnen aus vorgegebenen Daten und auf eindeutigen Wegen ermittelt, sondern durchweg auch durch sinnvolles *Schätzen*, angemessenes *Modellieren* und *sorgfältiges Überschlagen*. Bei Fermi-Aufgaben finden solche Kompetenzen ein passendes Anwendungsfeld. Schülerinnen und Schüler erleben hier: „Wir können was – mit Mathe!“

erfordern das Vergleichen und Überprüfen

Fermi-Aufgaben haben nie ein *einziges richtiges Ergebnis* (bzw. es ist nicht bekannt und kann praktisch nicht exakt ermittelt werden). Die unterschiedlichen Lösungswege und Ergebnisse müssen auf Plausibilität überprüft und miteinander verglichen werden. Danach weiß man mehr darüber, welche Ergebnisse gut möglich und welche eher extrem sind. Oft ergeben sich auch Erkenntnisse darüber, wie ein Ergebnis von den Ausgangsannahmen abhängt.

regen das Weiterfragen an

Eine Fermi-Aufgabe ist eigentlich nie „gelöst“ oder „fertig“. Schon bei der Bearbeitung entstehen viele neue Fragen. Kaum ist man zu einem Ergebnis gelangt, kann man eigentlich schon wieder weiterfragen: „Und was wäre, wenn ...?“ „Oder wie ist es eigentlich bei ...?“

öffnen den Blick für die Mathematik in der Welt

Viele Fermi-Aufgaben enthalten eine etwas andere Sichtweise auf die Welt, als man das vielleicht bisher gewohnt war. Wer mit solchen Fragen Erfahrungen sammelt, sieht mehr und mehr, welche Mathematik in Realsituationen steckt.

Welche Arten von Fermi-Aufgaben gibt es?

Nicht alle Fermi-Aufgaben sind gleich. Aber es gibt Typen, die immer wiederkehren:

Manchmal müssen Anzahlen oder Größen durch Schätzen und Überschlagen ermittelt werden:
- Wie viele Nadeln hat ein Weihnachtsbaum?

Manchmal geht es auch darum, dass gegebene Anzahlen und Größen in bestimmter Weise veranschaulicht werden sollen:
- Bill Gates Vermögen wird auf 40 Milliarden Dollar geschätzt.
  Wie lange bräuchte er, um sein gesamtes Geld aus dem Fenster heraus zu werfen?

Manchmal soll beides geleistet werden – Schätzen und Überschlagen sowie Veranschaulichen:
- Wie viele einzelne Pommes werden von den Schülern deiner Schule in einem Jahr gegessen? Wie groß müsste ein Kartoffelacker sein, um hierfür die nötigen Kartoffeln anzubauen?

Häufig müssen alle fehlenden Daten aus plausiblen Annahmen oder Alltagswissen gewonnen werden:
- Wie viele Personen stecken in einem 6 km langen Stau?

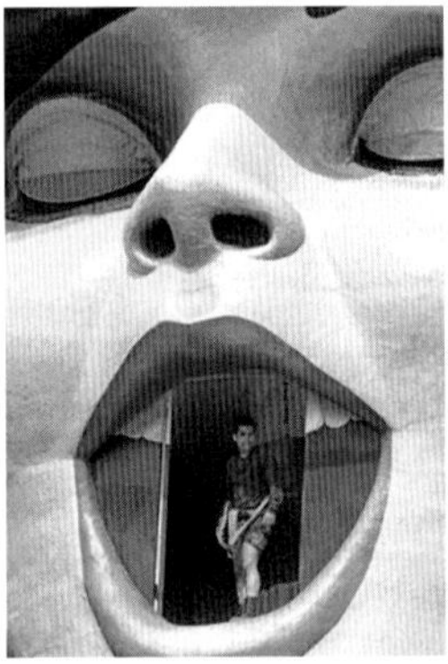

© Reuters

Manchmal kann man sie aber auch aus Abbildungen heraus bestimmen:
- Wie groß wäre wohl eine Person, die solch einen großen Mund hätte?

Oft besteht auch die Möglichkeit, fehlende Daten durch eine einfache Messung oder ein kleines Experiment zu bestimmen:
- Wie lang ist die Linie, die du in deinem Leben schreiben wirst?

Gelegentlich können Daten auch einmal recherchiert werden:
- Wie viele Nadeln trägt der größte Weihnachtsbaum der Welt?

Manchmal lassen sich die Ergebnisse schließlich auch experimentell überprüfen:
- Wie lang ist eigentlich der Streifen Zahncreme, der in einer Zahnpastatube steckt?

Sind Fermi-Aufgaben wirklich „richtige Mathematik"?
Manche der hier vorgestellten Aufgaben wirken auf den ersten Blick etwas skurril. Welchen Sinn macht es denn, nach der Anzahl von Luftballons im Klassenraum zu fragen?

Wird hier nicht ein verzerrtes, falsches Bild von Mathematik vermittelt? Auch Eltern werden vielleicht mit solchen Bedenken kommen.

Unsere Antwort darauf: Fermi-Aufgaben sind tatsächlich eine ausgesprochen mathematische Art zu fragen, und zwar in folgendem Sinne: Hier sind es eben nicht unbedingt die Problemstellungen, die realistisch sein müssen; vielmehr geht es um die mathematischen Tätigkeiten: Diese sollen authentisch, ehrlich, echt sein – dazu gehören insbesondere die Strategie des Überschlagens, die Strategie des Zerlegens, das Modellieren insgesamt und der Umgang mit Größen.

Diese Tätigkeiten sind typisch für das Anwenden von Mathematik: Es geht nicht nur um das Aufstellen und „Ausrechnen" von Modellen. Unentbehrlich ist die Fähigkeit, sich Ergebnisse oder Größen vorstellen zu können, Beziehungen zu knüpfen, zu überschlagen und mit gesundem Menschenverstand zu schätzen. Insofern sind zwar die Anwendungen vieler Fermi-Aufgaben nicht wirklich relevant, wohl aber die vollzogenen mathematischen Prozesse und dabei erworbenen Kompetenzen. (Wie der Nobelpreisträger Enrico Fermi erkannte und die nach ihm benannten Fermi-Fragen erfand, s. Seite 3.)

Auch wenn es den meisten Schülerinnen und Schülern nie passieren wird, dass sie einmal die Schuhgröße einer Statue überschlagen müssen, so müssen sie vielleicht doch in ihrem künftigen Beruf einmal die Anzahl der Menschen überschlagen, die zur Hauptgeschäftszeit im Kaufhaus sind, oder die Menge an Milch, die sie im Restaurant bevorraten müssen. Oder sie überschlagen die Kosten für ihre Fete zum 18. Geburtstag, schätzen die Höhe der Staatsverschuldung ein oder überlegen, ob sie sich später von ihrem Gehalt das Traumauto wirklich leisten können und möchten. Die Kontexte werden mitunter komplexer und reicher an zu berücksichtigenden Daten und Größen sein, die Tätigkeiten sind aber im Grunde stets dieselben. Und es ist doch schön, wenn unsere SchülerInnen und Schüler künftig sagen können: „Das kann ich, das habe ich in Mathe gelernt!"

Wie kann man Fermi-Aufgaben im Unterricht einsetzen?

So flexibel Fermi-Aufgaben in ihrer Bearbeitung sind, so flexibel ist auch ihr Einsatz im Unterricht – es gibt sozusagen viele „Einsatzorte":

Einstieg in Inhaltsbereiche

Fermi-Aufgaben können thematisch passend zur aktuellen Unterrichtsreihe gestellt werden. Sie können beispielsweise in bestimmte Inhalte einführen, wie in die Volumenberechnung („Luftballon-Aufgabe", vgl. Karte A10) oder Mittelwerte („Gewichts-Aufgabe", vgl. Karte A8). Damit sind sie ausgezeichnete Beispiele für problemorientierte Einstiege, die sich noch dazu aus anschaulichen Kontexten heraus entwickeln.

Kontextbezogenes Üben und Wiederholen

Durch den Einsatz von Fermi-Aufgaben können im weiteren Verlauf einer Unterrichtsreihe entsprechende Inhalte kontextbezogen geübt oder wiederholt werden – auch wenn die explizite Behandlung der Inhalte bereits länger her ist. Bei diesen Aufgaben zeigt sich, ob die Lernenden ihr erworbenes Wissen und Fähigkeiten situationsgerecht und flexibel einsetzen. Dabei können sie ihren Kompetenzzuwachs handfest erleben.

Differenzieren

In der Regel gibt es viele Wege, um eine Fermi-Aufgabe zu lösen. Jeder Schüler, jede Schülerin kann, ausgehend vom eigenen Kenntnisstand, zu einem Ergebnis kommen. Durch die vielen möglichen Bearbeitungswege kommen unterschiedliche Herangehensweisen, aber auch unterschiedliche Anspruchsniveaus zum Zuge. So wird der Mathematikunterricht auf natürliche Weise binnendifferenzierend.

Diagnose von Kompetenzen

Mathematische Kompetenz zeichnet sich dadurch aus, dass mathematische Konzepte und Rezepte zur jeweiligen Situation passend gewählt und eingesetzt werden (und sich nicht bereits allein aus dem Kontext des gerade behandelten Stoffes ableiten lassen). Mit Fermi-Aufgaben kann man den flexiblen Transfer grundlegender Fähigkeiten und Fertigkeiten besonders gut fördern und einschätzen.

Mit Fermi-Aufgaben beginnen

Dabei gilt für den Einsatz derart offener Aufgaben das Gleiche wie für Formen offenen Unterrichts: Schülerinnen und Schüler, die ein derartiges Arbeiten nicht gewöhnt sind, müssen zunächst an solche Situationen herangeführt werden. Hier bieten sich zwei Wege an, die sich auch gegenseitig ergänzen können:

Eine für alle – im Klassenverband

Fermi-Aufgaben sind offene Aufgabenformate, bei denen Angaben zum (weiteren) Rechnen geschätzt, angenommen oder selbst recherchiert werden. Wenn die Schülerinnen und Schüler ein solches Arbeiten nicht gewohnt sind, können diese neuen Aspekte thematisiert werden, zum Beispiel indem zunächst eine Aufgabe gemeinschaftlich und exemplarisch bearbeitet wird.

Nach dem Vorstellen der Aufgabe sollten alle Schülerinnen und Schüler genügend Zeit haben, um sich – zunächst einmal jeder für sich – mit der Frage auseinanderzusetzen, bevor sie in Gruppen über Herangehensweisen und möglicherweise auch erste Ergebnisse diskutieren. Schließlich werden möglichst unterschiedliche Ansätze gemeinsam zusammengetragen und verglichen und die Ergebnisse mit Plausibilitätsüberlegungen überprüft. Hier kann die Akzeptanz für das Fehlen der *einen* Lösung geschaffen werden.

Aufgaben schrittweise öffnen

Alternativ kann man die Lernenden auch mit zunehmend offeneren Aufgabenformaten konfrontieren. Im Anschluss an die Aufgabe „Wie viel musst du bezahlen, wenn du 3 CDs zu je 13 € und 2 DVDs zu je 19,99 € kaufst?" kann man die offenere Aufgabe „Wie viele CDs und DVDs kann man für 100 € kaufen?" stellen. Sicher fragen einige Schülerinnen oder Schüler nach, ob man hierfür die Preise der ersten Frage benutzen muss. Dies fordert die zweite Frage jedoch nicht zwingend, so dass alternative Preise angenommen oder recherchiert werden können. Dann wird das Ergebnis hier nur ein gewisser Bereich von CD- und DVD-Anzahlen sein, der von den jeweils angenommenen Schätzgrößen abhängt. Dies gilt auch für die dritte Frage „Welchen Wert haben die CDs und DVDs, die in der Musikabteilung eines Supermarktes stehen?". Sehr ungewohnt ist dabei, dass man dazu zunächst selbst Annahmen über die Anzahl an CDs und DVDs in einer Musikabteilung treffen muss. Hier gilt es, die Lernenden zu ermutigen, damit sie im Rahmen ihrer Erfahrung sinnvolle Eckdaten für weitere Berechnungen selber festlegen.

Immer selbstständiger mit Fermi-Aufgaben arbeiten

Wenn die Schülerinnen und Schüler schon „Fermi-Profis" sind, dann eignen sich diese Aufgaben gut, um offene Unterrichtsformen und außerunterrichtliche Mathematikaktivitäten zu unterstützen:

Freiarbeit/ Wochenplanarbeit

Fermi-Aufgaben können Wochenplan- und Freiarbeitsstunden bereichern. Gerade in diesen Stunden haben die Lernenden die Möglichkeit, Daten eigenständig zu erheben, sei es durch Messungen oder Recherchen in Büchern und im Internet. Die Vielfalt der Aufgaben in der Fermi-Box eignet sich dabei gut für eine Binnendifferenzierung, die von den Schülerinnen und Schülern selbstständig durch die Auswahl von Aufgaben nach Gesichtspunkten wie thematischem Interesse, aber natürlich auch Leistungsniveau organisiert werden kann.

Projekte, AG´s, …

Nicht zuletzt eignen sich Fermi-Aufgaben auch für Projekte und bieten sich im Rahmen einer Mathematik-AG an. Insbesondere in altersgemischten Lerngruppen zeigt sich, wie mehr oder weniger geschickt man auch ohne Formelwissen vorgehen kann. So können auch Zehntklässler von Fünftklässlern etwas lernen, etwa wenn der Flächeninhalt der Kopfhaut nicht mit Hilfe der Kugeloberflächenformel, sondern durch das Abdecken mit einem DIN-A4-Blatt abgeschätzt wird (Karte B6). Mit Fermi-Aufgaben lassen sich darüber hinaus sehr gut thematische Projekte gestalten, bei denen die Schülerinnen und Schüler viel über ihre Umgebung erfahren können (z. B. „Wir erforschen unsere Schule“, Aufgaben Thema A in der Fermi-Box).

Mit der Lösung hören die Fragen nicht auf

Wo auch immer Fermi-Aufgaben zum Einsatz kommen, am Ende haben die Schülerinnen und Schüler eigene Lösungen erarbeitet und präsentieren diese oft mit einigem Stolz – schließlich haben sie eine zunächst scheinbar „nicht kalkulierbare“ Frage beantwortet. Wie kann man mit diesen Ergebnissen umgehen und dabei zum weiteren Nachdenken anregen?

Da die Ergebnisse auf selbst angenommenen Kennwerten und individuell gewählten Rechenstrategien basieren, sollten diese Aspekte im Unterricht angemessen diskutiert werden. Hierfür bietet sich häufig – auch nach der Diskussion in den einzelnen Gruppen – ein Unterrichtsgespräch an. Dabei geht es darum, zu klären, inwieweit die jeweils angenommenen Werte und die gewählten Rechenverfahren als sinnvoll mit Blick auf den vorliegenden Kontext einzuschätzen sind. Wenn ein Wert zu hoch angesetzt wird – welche Auswirkungen kann das haben? Wie genau können wir das Ergebnis überhaupt angeben? Diese Einschätzungen erwachsen stets aus dem Unterricht, mit Hilfe der Lehrperson als fachkundiger Diskussionsleitung. Konkurrierende Lösungsansätze können mit Hilfe von systematisierenden Fragestellungen zueinander in Bezug gebracht werden. Aufträge wie

- *Begründe, welche der Lösungen am glaubwürdigsten erscheint.*
- *Begründe, welche Lösung besonders viele Aspekte berücksichtigt.*
- *Welche Lösungen könnte man noch verbessern – und wie?*

können helfen, dass sich die Lernenden in dieser abschließenden Unterrichtsphase mit den vorliegenden Ergebnissen vergleichend auseinandersetzen.

Wie komme ich zu neuen Fermi-Aufgaben?

Fermi-Fragen zu finden, ist einfach, wenn man ihren besonderen Charakter in den Blick nimmt. Man muss nur „mit der mathematischen Brille“ durch die Welt laufen und seine Umwelt mit einer für die Mathematik und ihre Anwendungen typischen Fragehaltung betrachten. Beim Finden und Erfinden von Fermi-Fragen können folgende Anregungen helfen (vgl. Büchter/Leuders 2005):

1a. Auf einen konkreten Kontext konzentrieren, wie etwa: Haus und Familie, Schulleben, Spielen, Sport, Freizeit, Einkaufen, Post, Verkehr, Kommunikation, Geld, Sparen, Natur, Berufsleben usw.

1b. Bei allen möglichen und unmöglichen Gelegenheiten für einige Minuten inne halten und seine Umwelt durch die „mathematische Brille“ betrachten („Was gibt es hier beim Bäcker eigentlich für Mathematik?“).

1c. Aufmerksam eine Zeitung durchblättern.

1d. Im Internet herumstöbern. Neben den einschlägigen Suchmaschinen (zum Beispiel www.google.de) gibt es auch Bildersuchmaschinen (images.google.de) und Online-Enzyklopädien (de.wikipedia.org). Suchen Sie auch einmal unter „fermi questions“ oder „fermi problems“ auf den englischsprachigen Seiten.

2. Fragen stellen, die in etwa so beginnen:

- *Wie viele ...?*
- *Wie groß, hoch, weit, schwer, teuer ...?*
- *Wenn der/die/das ... ein/eine ... wäre, ...?*
- *Wenn man sich einmal vorstellt, ...?*

3. Überprüfen, welche Daten hilfreich, unbedingt nötig, nach gesundem Menschenverstand zu schätzen, aus vertrauten Vergleichsgrößen („Stützpunktvorstellungen“) ableitbar oder der Recherche zugänglich sind.

4. Erkunden eines möglichst einfachen Lösungsweges, aber auch alternative Wege mitdenken. Was kann man alles messen, berechnen, schätzen, überschlagen...?
Hilfreich ist auch immer eine Doppelrechnung: Was sind die höchsten oder tiefsten Werte für die angenommenen Größen, was kommt mindestens/höchstens heraus?

5. Ausloten der Schwierigkeit mit Blick auf die Lerngruppe: Was müssen/was können Schülerinnen und Schüler kennen, schätzen, überschlagen, rechnen?

6. Mit Mut eine Aufgabe stellen, die man auch selbst noch nicht ganz durchdrungen hat und sich überraschen lassen: Sehr oft haben 30 Schülerinnen und Schüler mehr Ideen, als man zunächst erwartet hätte!

7. Fermi-Fragen nicht nur zu lösen, sondern auch aufzustellen, ist auch für die Schülerinnen und Schüler selbst gewinnbringend. Man kann zum Beispiel nach der Bearbeitung einer Fermi-Aufgabe alle auffordern, sich ähnliche Fragestellungen selbst zu überlegen. Wie wär’s einmal mit einem „*Erfinderwettbewerb für Fermi-Fragen*“?
Wer eigene Fermi-Fragen erfindet und über ihre Lösbarkeit nachdenkt, lernt mehr und mehr einzuschätzen, wo und wie sich Aspekte der Umwelt mit mathematischen Mitteln erfassen lassen.

Woraus besteht die Fermi-Box?

In der Fermi-Box finden Sie viele neue und einige wohlbekannte Fermi-Fragen. Alle Aufgaben haben sich in den Klassen 4 bis 7 bewährt und sind auch darüber hinaus einsetzbar. Die Fragen stehen auf Karten, die nach Themenfeldern geordnet und durchnummeriert sind.

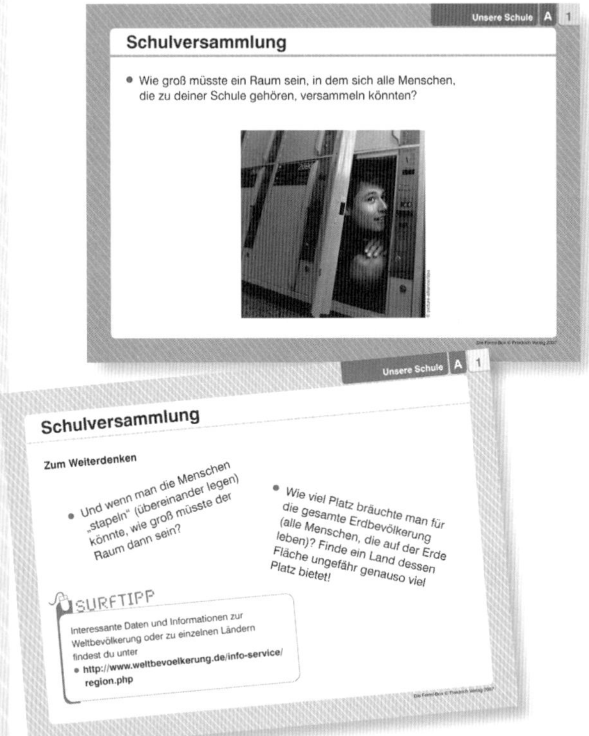

A Unsere Schule
12 Karten

B Ich und mein Körper
12 Karten

C Natur und Umwelt
8 Karten

D Stadt, Land, Fluss ...
8 Karten

E Wirtschaft und Technik
8 Karten

F Berufswelt
8 Karten

G Sport und Freizeit
12 Karten

H Ah! Oh! – Kurioses
12 Karten

Auf der Vorderseite jeder Karte steht die **Fermi-Frage**; auf der Rückseite finden die Schülerinnen und Schüler Fragen zum Weiterarbeiten. Von diesen können sie sich die eine oder andere aussuchen, wenn sie die Fermi-Aufgabe schon umfassend beantwortet haben und noch ein wenig weiterforschen möchten.

Die **Fragen zum Weiterdenken** ergeben sich immer aus dem gestellten Problem. Sie sind sehr unterschiedlich und reichen von thematischen Vertiefungen (zum Teil mit weiteren Rechercheaufträgen) über kritische Reflexionen des eigenen Vorgehens bis hin zu Anregungen zur mathematischen Verallgemeinerung.

Ab Seite 37 finden Sie zu jeder Karte einen ausführlichen Kommentar. Neben spezifischen Schüleraktivitäten, methodischen Anregungen und Hintergrundinformationen enthält jeder Aufgabenkommentar einige Impulsfragen. Diese **Anregungen für die Schülerinnen und Schüler** sind für diejenigen gedacht, die Schwierigkeiten bei der Bearbeitung haben und nicht weiterkommen.

Grundsätzlich sind alle Sozialformen von der Einzelarbeit bis hin zur Arbeit in Kleingruppen gleichermaßen möglich. Da die Lernenden bei Fermi-Fragen stets gefordert sind, die Daten und Zwischenschritte ihrer Rechnung selbst festzulegen, kann ihnen durch die Bildung von (kleinen) Gruppen signalisiert werden, dass ein Gedanken- und Meinungsaustausch von vornherein erwünscht ist.

Einige Karten der Fermi-Box eignen sich besonders für die arbeitsteilige Gruppenarbeit. Sie sind mit einem Gruppen-Symbol gekennzeichnet.

Diese Karten enthalten thematisch miteinander verwandte Fragen, wie zum Beispiel: „Wie viele Kilometer legst du jedes Jahr zu Fuß zurück? Wie viele mit dem Fahrrad? ..." (Karte B1 „Weite Wege"). Verteilt man die Teilfragen auf einzelne Gruppen, so bearbeiten alle annähernd gleich anspruchsvolle Aufgaben, die in der Regel auf vergleichbare Art und Weise zu lösen sind. Es müssen zwar jeweils unterschiedliche Größen ermittelt und verschiedene Annahmen getroffen werden, aber beim Vergleich der Lösungen kristallisiert sich schnell die gemeinsame Strategie heraus.

Auf Seite 20 ist ein Einsatz dieser Karten mit der Methode des Gruppenpuzzles ausführlicher dargestellt.

Auf den folgenden Seiten finden Sie einige methodische Anregungen, die illustrieren, wie vielfältig die Fermi-Box im Unterricht eingesetzt werden kann. Je nach Intention, mit der Sie die Aufgaben einsetzen, auf welche mathematischen Ideen und Inhalte Sie hinarbeiten und welche Arbeitsweisen Sie in der Klasse voraussetzen können oder fördern möchten, werden Sie Ihre eigene Gestaltungsweise entwickeln.

Wie lernen Schülerinnen und Schüler mit der Fermi-Box?

Wenn Sie schon einige Aufgabenkarten betrachtet und die Informationen und Erläuterungen zu Fermi-Aufgaben im ersten Teil dieses Lehrerkommentars gelesen haben, werden Sie vermutlich die folgende Einschätzung teilen:

Fermi-Aufgaben sind offene Aufgaben,
die auch eine Öffnung des Unterrichts fördern.

Unter Öffnung des Unterrichts sind damit vor allem schülerorientierte und kooperative Arbeitsformen sowie die Präsentation und Reflexion unterschiedlicher Lösungswege gemeint.

Von den Lehrerinnen und Lehrern erfordert ein geöffneter Unterricht mit offeneren Aufgaben ein anderes Unterrichtshandeln als bei einem rein lehrerzentrierten Vorgehen. Im Folgenden werden einige Handlungsabläufe genannt, die sich beim Unterrichten mit Fermi-Aufgaben bewährt haben. Ab Seite 20 finden Sie dann konkrete methodische Umsetzungen (z.B. Gruppenpuzzle, Wochenplanarbeit, Themenarbeit, ...).

Erste Schritte

Wenn Fermi-Aufgaben noch ungewohnt sind, können zunächst einmal Sachaufgaben schrittweise geöffnet werden (vgl. S. 11). Oder eine ausgewählte Fermi-Aufgabe wird exemplarisch im Klassenverband bearbeitet. Dabei sollten die Schülerinnen und Schüler zunächst alleine versuchen, eine Strategie und eine Lösung zu finden – es ist wichtig, ihnen dazu Zeit zu geben. Anschließend arbeiten sie zu zweit oder zu dritt weiter. Einen möglichen Zugang können die Lernenden auch über die Karte „Herr Fermi und seine Fragen“ finden, auf der exemplarisch eine Fermi-Frage vorgestellt und gelöst wird.

Vertrauen Sie ruhig auf die Fähigkeiten der Schülerinnen und Schüler, Fragen zu finden, die bei der Bearbeitung hilfreich sind. Die schönste Fermi-Aufgabe kann ihren Reiz verlieren, wenn die Lehrperson im Unterrichtsgespräch die Schülerinnen und Schüler einen vorab festgelegten Lösungsweg entlang führt. Um später die Lösungswege vergleichen zu können, müssen die Schülerinnen und Schüler ihre Arbeit *gut dokumentieren*. Gerade am Anfang sind hierzu Vorgaben wie in *Abbildung 1* hilfreich.

Nach Bearbeitung der Aufgabe bietet es sich an, alle Ergebnisse zu sammeln. Hier wird es eine gewisse Bandbreite geben, die vor allem von den getroffenen Annahmen abhängt. Diese Bandbreite kann genutzt werden, um Lösungswege und Annahmen miteinander zu vergleichen und über Plausibilität und Angemessenheit zu diskutieren. Schließlich sollte eine Einigung in der Klasse stattfinden, welche Bandbreite für akzeptabel gehalten wird. Unsere Erfahrungen sprechen sehr dafür, hier eher großzügig zu sein – der Weg ist das Ziel.

Wie die Ergebnisse präsentiert werden sollten, hängt auch von der konkreten Fermi-Frage ab: Bei der Aufgabe D4 („Wie viele Autos stehen in einem 6 km langen Stau?“)

liegen beispielsweise die Teilfragen und der Bearbeitungsweg recht nahe („Wie viele Spuren hat die Autobahn?“, „Wie lang ist ein Auto?“, „Wie viel Abstand ist zwischen den Autos?“). Hier stehen dann eher die plausiblen Schätzungen im Vordergrund.
Man kann aber auch mit einer weniger überschaubaren Aufgabe wie C1 („Wie viele Nadeln hat dieser Weihnachtsbaum?“) anfangen und ganz auf das Aushandeln einer plausiblen Ergebnisbandbreite verzichten. Nach der Schülerarbeitsphase sollten hier vor allem die Wege der Bearbeitung diskutiert werden – zum Beispiel anhand der verschiedenen Teilfragen, die sich als hilfreich herausgestellt haben.
Welchen Einstieg Sie auch wählen mögen: Wichtig für die weitere Arbeit mit Fermi-Aufgaben ist, dass die Schülerinnen und Schüler ermutigt werden, Teilfragen zu stellen, begründete Annahmen zu machen und dabei ein Gefühl dafür entwickeln, welche Fragen ihnen bei der Bearbeitung helfen.

Bearbeitungshilfe für eine Fermi-Aufgabe

Das suche ich:

Das weiß ich:

Das nehme ich an:

So arbeite ich:
Hier kannst du
Zeichnen/Überschlagen/
Rechnen /Messen

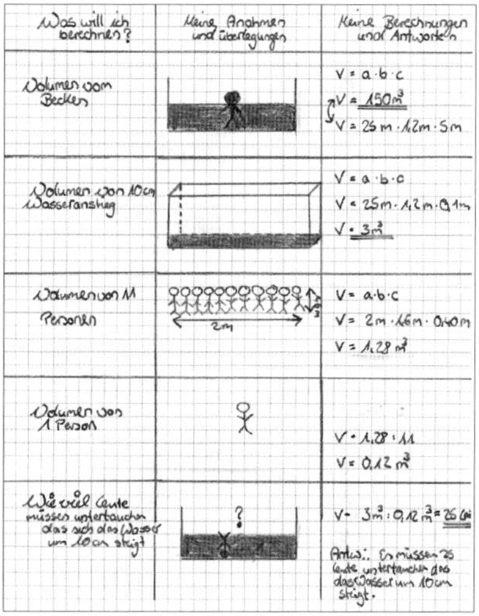

Abb. 1: Bearbeitungshilfen für eine Fermi-Aufgabe

Bearbeitungs- und Lösungskontrolle

Bei längeren Schülerarbeitsphasen kommt der Lehrperson immer die Rolle zu, die Bearbeitungen zu beobachten und einzuschätzen und gegebenenfalls durch reflexionsanregende Fragen Impulse zu geben. Wenn Schülerinnen und Schüler völlig „auf dem Holzweg“ sind oder gar keinen eigenen Ansatzpunkt für die Bearbeitung finden, können Sie ihnen auch die aufgabenspezifischen Anregungen zugänglich machen, die Sie bei den Kommentaren zu jeder Aufgabe finden (ab Seite 37).

Sie können aber auch auf diese inhalts- und aufgabenspezifischen Anregungen verzichten und eher eine gezielte Reflexion anregen, wodurch das Niveau der geistigen Auseinandersetzung in der Regel höher bleibt: Wie seid ihr bei anderen, ähnlichen Aufgaben vorgegangen? Oder Sie regen ein Brainstorming zu diesem Thema an, um potenziell hilfreiche Teilfragen zu finden. Oft genügen erste Impulse, mit denen sich die Schülerinnen und Schüler darüber klar werden, was sie berechnen möchten, welche Größen sie dazu benötigen und welche Annahmen sie treffen können.

Bei einigen Aufgaben wie D4 („Wie viele Autos stehen in einem 6 km langen Stau?") gibt es im Wesentlichen einen einzigen nahe liegenden Bearbeitungsweg, und es kommt vor allem auf die getroffenen Annahmen an. Hier ist es besonders leicht, beim Rundgang durch die Klasse zu entscheiden, ob einzelne Schülerinnen oder Schüler „auf dem Holzweg" sind. Im Lehrerkommentar zu diesen Karten sind Musterrechnungen mit Bandbreiten möglicher Annahmen enthalten, die Ihnen helfen können.

Auswertung

Wie bei allen schülerorientierten Arbeitsformen ist eine Präsentation „ohne Schere im Kopf" wichtig. Ziel ist es, dass die Schülerinnen und Schüler ihre Ergebnisse selbstbewusst und ohne das Gefühl, einer ständigen Bewertung zu unterliegen, vorstellen können. Dies kann beispielsweise in Form eines Museumsrundgangs geschehen, bei dem die Lehrperson *nicht eingreift* (vgl. Seite 19).

Bei fast allen Fermi-Aufgaben ist es lohnend, die Abhängigkeit des Ergebnisses von den getroffenen Annahmen zu diskutieren und so immer wieder auch das *Denken in funktionalen Zusammenhängen* zu schulen: „Wieso unterscheiden sich die Ergebnisse...?", „Wie hängt das Ergebnis ab von ...?", „Was wäre wenn...?"

Da in allen Schülerbearbeitungen viel Mühe und oftmals auch „Herzblut" steckt, müssen die Ergebnisse als Antworten auf die Fragen ernst genommen werden. Schließlich kam es auch Enrico Fermi selbst nicht nur auf die Schulung des Denkens an, sondern auch darauf, dass vernünftige Größenordnungen als Antworten auf die gestellten Fragen angegeben werden können. In einem schülerorientierten Unterricht sollten daher plausible Bandbreiten für Ergebnisse nicht von der Lehrperson als „Expertenwissen" mitgeteilt und gesetzt werden. Vielmehr sollte ein *Aushandlungsprozess* in der Klasse und gegebenenfalls eine Recherche (zum Beispiel mit Materialien anderer Fächer oder im Internet) zur klassenspezifischen Festlegung einer plausiblen Bandbreite führen. Der kritische und reflektierende Umgang mit Zahlen im Alltag wird so am ehesten gefördert.

Wie kann man die Ergebnisse präsentieren?

Posterpräsentation, Museumsrundgang

Wurde eine Fermi-Aufgabe in Einzel- oder Partnerarbeit arbeitsgleich bearbeitet, so können einzelne Lösungen (zunächst ohne jede Wertung) an der Tafel gesammelt und im Klassengespräch diskutiert werden.

Gruppen, die *arbeitsgleich* gearbeitet haben, können ihre Ergebnisse auf Postern (z.B. Tapete oder Tonpapier) notieren und an die Wand heften. Bei einem „Museums-Rundgang" entlang dieser Präsentationen können sich die Gruppen ein Bild von allen Lösungen verschaffen.

Arbeiten die Gruppen *arbeitsteilig*, so bietet sich ein Austausch in Expertengruppen an.

wachsender Fermi-Ordner

Lassen Sie Ihre Klasse in einem Ordner zu den bearbeiteten Aufgaben jeweils möglichst viele unterschiedliche Lösungsstrategien sammeln. So können Sie die bereits in der Fermi-Box enthaltenen Lösungen durch weitere ergänzen, auf die dann Ihre Schülerinnen und Schüler z.B. in Freiarbeitsphasen selbstständig zurückgreifen können. Auch von der Klasse selbst erfundene (und gelöste) Fermi-Aufgaben können hier ihren Platz finden.

Veröffentlichung

Die Ergebnisse können durchaus auch außerhalb des Klassenzimmers vorgestellt werden:

- als originalgetreue oder maßstabsgetreue Modelle in einem Schaukasten (bei vielen Aufgaben werden Vorstellungen von Größenordnungen gebraucht, die im Modell veranschaulicht werden können)
- als Demonstrationsexperiment (z.B. Modell für den täglichen Wasserverbrauch)
- als Themen-Ausstellung in der Schule (z.B. Unsere Schule, Sport und Freizeit)
- als Ratequiz zu Größenvorstellungen am Tag der offenen Tür
- als Themenheft mit Bildern, Zitaten, Rechnungen, Aufgaben...
- in einer Geschichte zu dem Thema für die Schülerzeitung
- …

Umsetzungsbeispiel für die Karte A4

In der Fermi-Box sind einige Aufgabenkarten mit einem Symbol für „Gruppenarbeit“ versehen. Diese Aufgaben enthalten mehrere ähnlich lautende Fragen zu einem Thema. Die entsprechenden Antworten werden in der Regel mit den gleichen Lösungsstrategien gefunden.

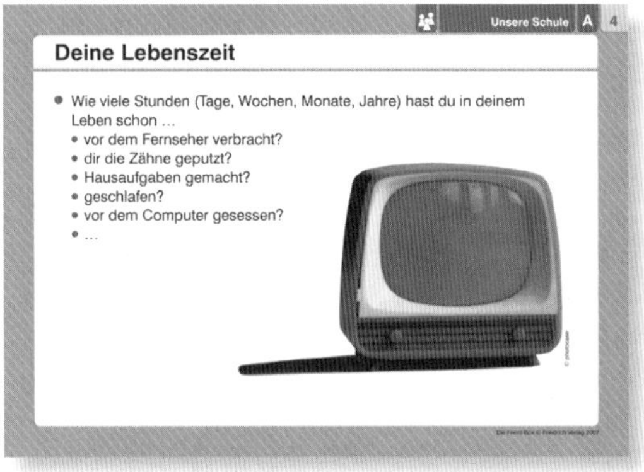

Die so gekennzeichneten Karten eignen sich besonders gut für eine besondere Form der arbeitsteiligen Gruppenarbeit, das so genannte Gruppenpuzzle (nach dem englischen Wort für „Puzzlespiel“ auch *Jigsaw-Methode* genannt).

Bei einem *Gruppenpuzzle* erarbeiten Schülerinnen und Schüler in möglichst gleich großen Gruppen arbeitsteilig ein Thema und werden damit (Teil-)Experten. In einer zweiten Runde tauschen Sie dann in neu zusammengestellten Gruppen ihre Erfahrungen miteinander aus. Jeder stellt der Reihe nach seine Aufgabe vor und berichtet über die Ergebnisse, die er mit seiner Gruppe erarbeitet hat. Bei dieser Unterrichtsmethode handeln sie in hohem Maße eigenverantwortlich.

Das Gruppenpuzzle findet man in der Methodenliteratur in einigen einander ähnlichen „Spielarten“. Wir stellen hier eine zu den Karten der Fermi-Box passende Variante vor.

Vorbereitung Kopieren Sie die Fermi-Karte für alle Schülerinnen und Schüler auf Papier und einmal für den Tageslichtprojektor auf Folie. Bereiten Sie Material für die Gruppeneinteilung vor. Bewährt haben sich wiederverwendbare „Jigsaw-Kärtchen“ – bei 30 Schülerinnen und Schülern können dies

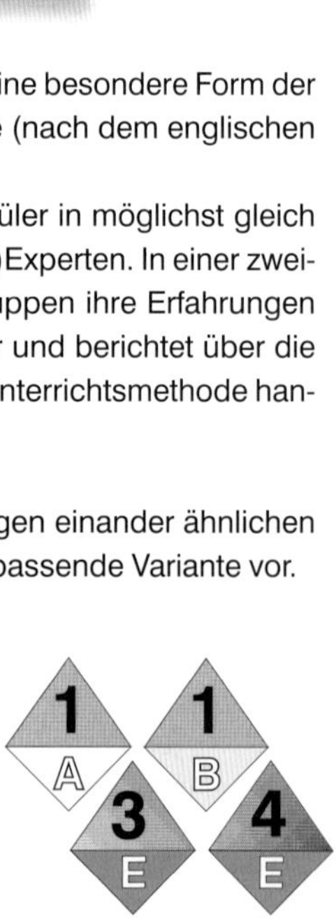

30 Kärtchen sein, die von A1 bis A6, B1 bis B6, ..., E1 bis E6 durchnummeriert sind (Kopiervorlage S. 23). Sie können aber auch auf andere Formen der Gruppenbildung wie Abzählen und Neusortieren zurückgreifen.
Sorgen Sie dafür, dass die Tische schnell zu Gruppenarbeitsplätzen für 5 bis 6 Schüler zusammengestellt werden können.

Zeitaufwand

Wenn die Methode gut eingespielt ist, genügt 1 Unterrichtsstunde. Ist sie für die Klasse neu, so muss man mit mehr Zeit für die Phasenwechsel rechnen und die Auswertung in der folgenden Stunde vornehmen.

Einführung im Plenum (ca. 2 Min.)

Ein kurzer Lehrervortrag oder ein moderiertes Unterrichtsgespräch zu der Frage „Wie verbringt ihr eigentlich eure Zeit?" stimmt die Schülerinnen und Schüler auf das Thema ein. Dieses wird dann zunächst arbeitsteilig und später gemeinsam untersucht.

1. Gruppenphase Erarbeitung (ca. 15 Min.)

Passend zu den sechs Fragen der Aufgabenkarte werden sechs Gruppen gebildet. Dazu werden die Jigsaw-Kärtchen gemischt und verteilt. Alle Schülerinnen und Schüler, die die gleiche Zahl auf ihrem Kärtchen haben, bilden eine Gruppe. Die „1er-Gruppe" bearbeitet dann die erste Frage der Aufgabenkarte usw. Jeder dokumentiert die gemeinsame Bearbeitung der Frage auf seinem Arbeitsblatt, um sie in der nächsten Phase in einer neu zusammengestellten Gruppe zu präsentieren.

Gruppen mischen

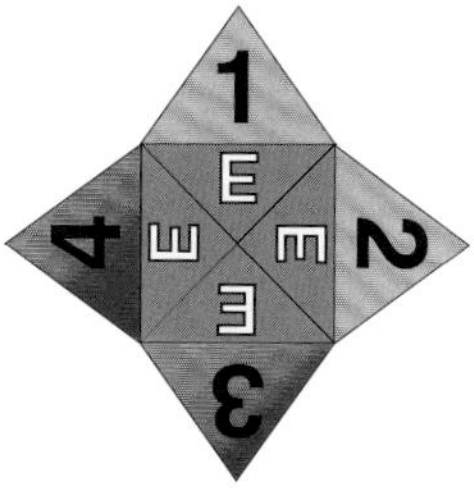

Die Gruppen werden gemischt: Nun bilden alle Schülerinnen und Schüler, deren Kärtchen den gleichen Buchstaben tragen, eine Gruppe. In jeder neuen Gruppe ist (mindestens) ein Vertreter für jede Frage der Aufgabenkarte. (Ohne die Jigsaw-Kärtchen kann man in den „alten Gruppen" durchzählen lassen und die „neuen Gruppen" nach den Nummern zusammensetzen.)

2. Gruppenphase Austausch (kurz)

Nun stellt jeder der Reihe nach in der Gruppe seine Frage und die zugehörige Bearbeitung vor. In dieser Runde sind nur Verständnisfragen zugelassen.

Zusammenführung

Nach dieser „Blitzlichtrunde" werden in der Gruppe die verschiedenen Bearbeitungen zusammengeführt. Dabei sind sowohl das Herausarbeiten der Bearbeitungsstrategien als auch das thematische Gesamtbild, das die Bearbeitungen liefern, lohnenswerte Ziele.

- *Strategie*: „Vergleicht, wie ihr bei den jeweiligen Fragen vorgegangen seid. Welche Möglichkeiten der Bearbeitung gibt es? Wie plausibel sind die einzelnen Bearbeitungen? Stellt Gemeinsamkeiten und Unterschiede bei den einzelnen Teilaufgaben zusammen. Welche Tipps könnt ihr aus eurer Erfahrung für die Lösung ähnlicher Aufgaben formulieren?"
- *Thema*: „Wie viel Zeit verbringt ihr durchschnittlich wofür? Fehlen noch regelmäßige Tätigkeiten, so ergänzt diese. Wie verhalten sich eure Ergebnisse zu eurer insgesamt schon gelebten Zeit? Stellt euren Umgang mit eurer Lebenszeit anschaulich in einem Diagramm auf einer Folie dar. Notiert unter dem Diagramm an einem Beispiel, wie ihr auf eure Ergebnisse gekommen seid."

Auswertung im Plenum (ca. 10 Min.)

Abschließend wird die Folie einer Gruppe im Plenum präsentiert, und sowohl der thematisch-inhaltliche Aspekt „Umgang mit Lebenszeit" als auch die gefundenen Bearbeitungsstrategien werden diskutiert. So wird bewusst mit den Realitätsbezügen umgegangen und der flexible Einsatz von Mathematik gefördert.

Eine weitere Möglichkeit, Karten zu einem Gruppenpuzzle zusammenzustellen, besteht darin, die gemeinsame Vorgehensweise ins Zentrum zu stellen und auf die thematische Klammer zu verzichten. So eignen sich auch die verschiedenen Karten, bei denen Daten aus einem Foto gewonnen werden, für ein Gruppenpuzzle.

Wochenplanarbeit

Mit der Fermi-Box lassen sich sehr gut offene, materialbasierte Unterrichtsformen wie die Wochenplanarbeit durchführen. Bei dieser Arbeitsform wird den Schülerinnen und Schülern ein größeres Maß an Selbststeuerung beim Lernen ermöglicht, und zwar über inhaltliche Wahlmöglichkeiten und offenere Zeitstrukturen: Sie haben in einem festgelegten Zeitrahmen die Möglichkeit, allein, zu zweit oder in einer Gruppe an einem selbst gewählten Thema zu arbeiten. Allerdings wird die Bindung an den Fachunterricht und eine Vorauswahl der Themen durch die Lehrperson aufrecht erhalten.

Bei der Wochenplanarbeit wird ein klar definierter Zeitrahmen zur Verfügung gestellt, zum Beispiel die letzte Einzelstunde Mathematik jeder Unterrichtswoche. In dieser Zeit können die Schülerinnen und Schüler in ihrem eigenen Tempo Aufgaben bearbeiten, die sie überwiegend nach eigenen Interessen auswählen. Die wesentliche Aufgabe der Lehrperson besteht darin, die Wochenplanarbeit durch Materialbereitstellung und eventuelle Vorgabe verpflichtender Aufgaben unter fachlichen und didaktischen Gesichtspunkten vorzubereiten. Während der Wochenplanstunde selbst hat sie dann vermehrt die Möglichkeit zur individuellen Betreuung.

Die Schülerinnen und Schüler dokumentieren ihre Lernprozesse und -ergebnisse zum Beispiel in einem Lerntagebuch oder in einem speziellen „Fermi-Heft“ und erstellen gegebenenfalls zu einzelnen Aufgaben oder Themen eigene Präsentationen.

Mit der Fermi-Box lassen sich zum Beispiel die folgenden Formen der Wochenplanarbeit gestalten:

Variante 1: An den Lösungsprozessen orientiert
Sie können die Wochenplanarbeit nutzen, um neben dem laufenden Unterricht ab und zu „Fermi-Wochen“ mit festen Stunden für die Arbeit an Fermi-Aufgaben durchzuführen. Dabei werden prozessbezogene mathematische Kompetenzen wie Modellieren, Problemlösen, Argumentieren oder Kommunizieren bei der Bearbeitung interessanter und herausfordernder Fragestellungen gefördert (vgl. S. 5).

Variante 2: Thematisch-inhaltlich orientiert
Sie können sich aber auch inhaltlich am laufenden Unterricht orientieren und für die Wochenplanarbeit solche Karten aus der Fermi-Box wählen, die eine inhaltliche Nähe hierzu aufweisen. Auf diesem Weg können die Inhalte des Unterrichts selbstreguliert angewendet, geübt, vertieft und mit anderen Inhalten vernetzt werden. Selbstverständlich können die Aufgaben aus der Fermi-Box durch weiteres Material ergänzt werden.

Vorbereitung

Für die Durchführung der Wochenplanarbeit benötigen die Schülerinnen und Schüler einen **Laufzettel**. Er sollte klare Hinweise zum zeitlichen Rahmen der Wochenplanphase, eine klare Erwartungshaltung an die Arbeit der Schülerinnen und Schüler sowie Aussagen zu verbindlichen und optionalen Aufgaben enthalten. Auf diesem Laufzettel (ein Beispiel finden Sie auf S. 27) dokumentieren die Schülerinnen und Schüler, welche Aufgaben sie wann und mit wem bearbeitet haben. Zusätzlich notieren sie, wie sie mit den Aufgaben zurechtgekommen sind und wie interessant sie diese fanden. Damit ist der Laufzettel auch zugleich ein „Leistungsnachweis" und eine „Aufgabenauswertung".

Aufgabenauswahl für die Fermi-Woche

Bei der **Aufgabenauswahl** unterscheiden sich die beiden genannten Varianten. Bei der Variante 1, den „Fermi-Wochen", stehen *alle* Aufgaben zur Verfügung. Damit alle Schülerinnen und Schüler auf jeden Fall unterschiedliche Arten von Fermi-Aufgaben bearbeiten, können Sie zum Beispiel fünf verbindlich zu bearbeitende Aufgaben vorgeben (vgl. S. 8, „Welche Arten von Fermi-Aufgaben gibt es?").

Aufgabenauswahl im laufenden Unterricht

Bei der Variante 2, die sich an den aktuellen Unterrichtsinhalten orientiert, können Sie eine hierzu passende Aufgabenauswahl treffen. Wenn Sie gerade in der Geometrie Längen, Flächen oder Volumina thematisieren oder die Umrechnung von Größen vorbereiten, finden Sie entsprechende Karten in der Fermi-Box. Allerdings gibt es nicht zu allen Unterrichtsinhalten eine ähnliche Fülle wie in der Geometrie (vgl. Aufgabenübersicht, S. 201). Werden bestimmte Aufgaben als verbindlich festgelegt, können Sie sicherstellen, dass besonders wichtige Inhalte auf jeden Fall bearbeitet werden. Zur Auswahl sollten im optionalen Bereich aber durchaus auch ganz andere Aufgaben stehen, damit die Arbeit nicht eintönig wird.

Wenn Ihre Schülerinnen und Schüler noch keine „Fermi-Profis" sind, können Sie die **Anregungen** (im Kommentar zu jeder Aufgabe) kopieren und ihnen zur Verfügung stellen.

Durchführung Damit die Schülerinnen und Schüler bei der Wochenplanarbeit nicht „selbstgesteuert vereinzeln“ sondern die wichtige Kommunikation über Mathematik gewährleistet ist, sollten einige Aufgaben auf jeden Fall zu zweit oder in Kleingruppen bearbeitet werden.

Präsentation Zur gemeinsamen Auswertung der Wochenplanphase erstellen die Schülerinnen und Schüler zumindest zu einigen Aufgaben Präsentationen (Poster, Folie, ...).

Ergänzung: Fermi-Wettbewerb Natürlich können die Schülerinnen und Schüler auch selbst Fermi-Aufgaben erfinden. Beide oben genannten Varianten lassen sich durch einen „Fermi-Wettbewerb“ ergänzen: Wer möchte, erfindet eine Aufgabe und klebt sie auf ein Wettbewerbsposter an die Wand. Die anderen Schülerinnen und Schüler können diese Aufgabe dann bearbeiten, die Bearbeitung unter der ausgehängten Aufgabe notieren und ihre Ergebnisse vergleichen.

Auswertung Am Ende wird die Wochenplanphase gemeinsam ausgewertet: Was hat euch am meisten Spaß gemacht? Was gar nicht? Worüber habt ihr etwas gelernt? Wie geht man geschickt vor, um Probleme wie in den Fermi-Fragen zu lösen?

In der Abschlussrunde von Variante 2 werden dabei die mathematischen Inhalte im Mittelpunkt stehen, bei Variante 1 dagegen die Bearbeitungsstrategien, deren Reichweite und Übertragbarkeit auf andere Situationen.

Mein Fermi-Laufzettel Name: ______________________

In den folgenden Unterrichtsstunden vom ______________ bis ____________________
werden wir „Fermi-Wochen“ durchführen.
Jeder von euch soll in dieser Zeit Fermi-Aufgaben in folgendem Umfang bearbeiten:
Mindestens zehn Karten, darunter auf jeden Fall A4, B3, G8 und F1.
Die anderen sechs Karten dürft ihr euch selbst aussuchen.
Mindestens fünf der zehn Karten sollt ihr im Team bearbeiten. Sucht euch mindestens einen Partner/eine Partnerin.
Während der ganzen Arbeit stellt ihr die Bearbeitung in einem „Fermi-Heft“ (euer Lerntagebuch für diese Zeit) ausführlich dar. Schreibt dann auch im Nachhinein eure Gedanken in einem Rückblick auf.
Wenn ihr möchtet, dürft ihr die Aufgaben auch gemeinsam mit anderen Schülerinnen und Schülern bearbeiten. Jeder macht aber eigene Aufzeichungen in sein Fermi-Heft.
Eure Ergebnisse zu diesen Aufgaben sollt ihr auch für die anderen Schülerinnen und Schüler möglichst kreativ auf einem Blatt oder Poster darstellen:

A4, B3, G8, F1 und eine selbst ausgesuchte

Auf diesem Zettel notiert ihr, welche Karten ihr wann bearbeitet habt, wie euch diese gefallen haben und wie schwer/leicht euch die Bearbeitung gefallen ist.

Fermi-Karte	Mit wem?	Datum	Dauer	Interessant?	Leicht?
A 4				__☺ __😐 __☹	__☺ __😐 __☹
B 3				__☺ __😐 __☹	__☺ __😐 __☹
G 8				__☺ __😐 __☹	__☺ __😐 __☹
F 1				__☺ __😐 __☹	__☺ __😐 __☹
				__☺ __😐 __☹	__☺ __😐 __☹
				__☺ __😐 __☹	__☺ __😐 __☹
				__☺ __😐 __☹	__☺ __😐 __☹
				__☺ __😐 __☹	__☺ __😐 __☹
				__☺ __😐 __☹	__☺ __😐 __☹
				__☺ __😐 __☹	__☺ __😐 __☹

Arbeit an einem Thema

Bei den Karten der Fermi-Box handelt es sich nicht um isolierte Aufgaben, sondern um Aufgabengruppen, die um ein gemeinsames Thema kreisen. Das erlaubt es, systematisch mit der Fermi-Box an bestimmten inhaltlichen Themen zu arbeiten. Hierzu soll im Folgenden ein konkreter Umsetzungsvorschlag beschrieben werden.

Ganz allgemein ist es wichtig, im Unterricht immer wieder einmal Fermi-Fragen zu stellen: Schülerinnen und Schüler können mit ihnen wichtige Fähigkeiten einüben und ausüben. Sie haben die Gelegenheit, die eigenen mathematischen Fähigkeiten zu erleben. Sie lernen dabei ebenfalls, die Welt durch eine mathematische Brille zu sehen und zu fragen: „Was lässt sich hier mathematisch untersuchen?" Auch beim Einsatz dieser Aufgabenart besteht – wie bei jeder anderen auch – die Gefahr der Eintönigkeit. Und dies ganz besonders dann, wenn Fermiaufgaben immer nur isoliert auftauchen, gleichsam als „Bonbon" für zwischendurch.

Es empfiehlt sich daher, Phasen des Unterrichts zu planen, in denen Schülerinnen und Schüler an einem sinnstiftenden Sachthema arbeiten und entlang dieses Themas Mathematik aus unterschiedlichen Bereichen anwenden. Im ausgeprägtesten Fall ist dies ein Projekt, bei dem Fermi-Aufgaben ganz natürlich auftreten (wie etwa die Vermessung eines Sees oder die Planung eines Schulgartens oder Ähnliches).
Sicherlich kann der Unterricht nicht immer in Projektform stattfinden. Aber man kann immer wieder die Gelegenheit ergreifen, „projektartig" oder zumindest an einem thematischen Schwerpunkt jenseits der Fachsystematik zu arbeiten. Dies lässt sich auch mit dem Material der Fermi-Box bewerkstelligen und sieht dann etwa so aus:

Vorbereitung

Sie wählen ein Thema (oder mehrere Themen) aus, zu dem bzw. zu denen es eine Reihe von Aufgaben in der Fermi-Box gibt. Sie können sich dabei an den Themenfeldern der Fermi-Box orientieren oder übergeordnete Fragestellungen wählen (wie zum Beispiel „Wo begegnen uns Größen?", „Wie kann man Längen veranschaulichen?" oder „Wie kann man Anzahlen schätzen?").

Zur Arbeit an einem Thema gehört auch die eigenständige Informations- und Materialbeschaffung; hier können Sie die Klasse je nach Vorerfahrung durch vorbereitete Hinweise unterstützen. Bei den Kommentaren zu den einzelnen Aufgaben finden Sie nützliche Internetseiten oder Literaturhinweise. Ein paar Bücher (Atlas, Sach- und Fachbücher, Lexika, ...) und ein Internetzugang erleichtern die Recherche.

Zeitaufwand

Der Zeitaufwand variiert – mindestens 2 Stunden einschließlich Anfertigen und Durchführen der Präsentation.

Aufgabenauswahl

Sie schlagen den Schülerinnen und Schülern die vorher gewählten Themen vor. Die Lernenden beteiligen sich dann an der Auswahl des Themas und der geeignet erscheinenden Karten.

Durchführung

Die Klasse legt eine geeignete Arbeitsteilung fest. Es werden Produkte für die einzelnen Gruppen vereinbart (siehe unten).
Die Gruppen arbeiten nun arbeitsteilig an ihren Fermi-Aufgaben. Sie haben dabei die folgenden Aspekte im Blick:

- Welche Lösung können wir für die gewählte(n) Fermi-Aufgabe(n) finden?
- Welche Bedeutung hat die Lösung für das Gesamtthema?
- Ergeben sich weitere Fragen, die man in der Gruppe erarbeiten sollte?

Die Gruppe sollte dann im Rahmen einer vereinbarten Bearbeitungszeit ein Produkt ihrer Arbeit vorlegen. Mögliche Produkte sind:

- ein Poster, das das Problem, seine Lösung(en) und seine Bedeutung beschreibt
- eine Demonstration, z.B. in Form der Veranschaulichung der beteiligten Größen (Beispiel: Modell für den täglichen Wasserverbrauch)
- ein Ratequiz zu Größenvorstellungen
- ein Themenheft mit Bildern, Zitaten, Rechnungen, Aufgaben ...
- eine Ausstellung in der Schule
- eine Geschichte zu dem Thema ...
- bei aktuellen Themen eine „Pressemitteilung“

Auswertung

Am Schluss erfolgt die Präsentation der Ergebnisse. Jede Gruppe stellt ihr Poster anderen in der Klasse vor. Ggf. kann eine solche Präsentation auch vor der „Schulöffentlichkeit“, d.h. anderen Klassen oder zu einer Eröffnung einer Posterausstellung im Schulgebäude stattfinden.

Vorschläge für mögliche Themen

Thema	Zielsetzung	geeignete Karten
Ich & Du	Das Thema eignet sich besonders für eine Klasse zu Beginn der weiterführenden Schule, um einander näher kennen zu lernen. Die übergreifende Fragestellung könnte lauten: „Was tun wir eigentlich so den ganzen Tag?“	A4, A12, B1, E4, G10
Unsere Schule	Es gibt viele Fragen rund um die Schule, die geeignet sind, den Schulbetrieb besser kennenzulernen und ihn möglicherweise auf dieser Basis mit zu gestalten.	A1, A2 oder A3, A5, A6, A9, A11, A12, C7, D1
Mobilität und Wohnen	Wohnen und Mobilität sind zwei wesentliche Grundbedürfnisse modernen Lebens und haben von daher eine besondere gesellschaftliche Bedeutung.	A12, B1, D1, D2, D4, D5, D6, D7
Unendlich viel? Große Anzahlen zählen	Wie geht man vor, wenn man Dinge zählen will, die man einzeln gar nicht mehr zählen kann?	A5, A7, A10, B6, B8, C1, C3, E7, H5, H8
Groß und Klein im Vergleich	Will man etwas sehr Großes mit etwas sehr Kleinem vergleichen, muss man besonders mit Einheiten und Maßstäben rechnen. Größenvorstellungen werden vertieft.	B9, B10, B11, C2, C3, C5, C7, G4, G6
Volumen überschlagen	Wie groß etwas ist, merkt man, indem man es mit etwas vergleicht. So werden Stützpunktvorstellungen aufgebaut.	A10, C3, C5, C6, C7, G1, H12
Oberfläche und Volumen	Manche Aufgaben eignen sich besonders gut, um Volumen und Fläche voneinander abzugrenzen.	A1, A2, B5, D3, E1, G2, G4 und G7, H6

Umsetzungsbeispiel für die Karten G1, G4 und G7

In der fünften Jahrgangsstufe wird üblicherweise das Rechnen mit Größen behandelt – und passende Fermi-Fragen können diese Einheit abrunden. Einerseits wenden die Schülerinnen und Schüler ihre erworbenen Kenntnisse und Fertigkeiten im Umgang mit Länge, Flächeninhalt und Volumen an. Andererseits animieren die Fermi-Fragen dazu, kreativ und eigenständig erste Ideen zu finden und diese bis zu einer Lösung weiterzuführen. Der reale Bezug der Aufgaben vermittelt praktische Vorstellungen von den betrachteten Größen – zumindest sollten diese von den Schülerinnen und Schülern auch bei der Arbeit in kleinen Gruppen diskutiert und entwickelt werden. Wer hat eine Vorstellung davon, wie groß ein Schwimmbad ist? Oder ein Fußballfeld? Bert Xylander hat in seiner fünften Klasse die Karten G1 „Baden gehen", G4 „Riesenfußball" und G7 „Fußball-Fülle" erprobt und berichtet von seinen Erfahrungen.

Vorbereitung

Die Gruppeneinteilung hatte ich vorab festgelegt (Dreiergruppen mit heterogener Zusammensetzung) und die Karten entsprechend kopiert: als Arbeitsblatt für die Gruppen und auf Folie zur Präsentation. Für eine effektive Ergebnissicherung stellte ich alle drei Fragen auf einem Arbeitsblatt zusammen (s. Seite 33).

Als Ideen- und Experimentierquelle diente ein Materialtisch. Die vorbereiteten „Infokarten" wurden nur auf Nachfrage ausgegeben, zunächst sollte geschätzt werden.

Materialtisch

- 2 Fußbälle
- 1 Tablett mit 2 kleinen Fußbällen (Durchmesser 7 cm), als eine Art „Minifußballfeld" gedacht. Alternativ: ein Tip-Kick-Spiel
- 30 Holzwürfel
- 2 quaderförmige Wannen mit kleinen Spielzeugfiguren
- Maßband 2 m
- Maßband 30 m
- Drei Kopien eines Fußballfeldes (www.wikipedia.de → Fußballfeld)
- Eine Infokarte: Größe eines LKW (2,50 m Breite × 4 m Höhe × 15 m Länge)
- Eine Infokarte: Größe eines Fußballtores (7,32 m × 2,44 m)

Zeitaufwand 90 Minuten

Durchführung Der Einstieg gestaltete sich in der Erprobung problemlos: Die damals bevorstehende Fußballweltmeisterschaft und deren mediale Präsenz sorgten schon für Interesse und Aufmerksamkeit, die zusätzlich durch die beiden gut sichtbar platzierten Fußbälle auf dem Materialtisch verstärkt wurden. An diese Motivation anknüpfend lautete die Einstiegsfrage:

Stellt euch vor, ihr seid bei der FIFA verantwortlich für den Balleinkauf. Wie viele Fußbälle würdet ihr insgesamt für die Fußball-WM bestellen?

Nach einer kurzen Denkpause sammelten wir die verschiedenen Ideen und Annahmen: Die Anzahl der Spiele ist wichtig (es sind 64 Spiele). Zu jedem Spiel werden nur neue Bälle verwendet. Man muss schätzen, wie viele Bälle pro Spiel benötigt werden: Während eines Spiels werden manchmal Bälle von den Zuschauern behalten. Beim Ball-Aus wird oft ein neuer Ball dem Spieler zugeworfen, damit die Spielunterbrechung nicht so lang ist. Pro Linie sind etwa 3 Ballholer mit Ersatzbällen am Spielfeld (12 Ballholer mit je einem oder zwei Ersatzbällen) usw.

Die Klasse einigte sich schnell auf 30 Bälle pro Spiel, was eine Gesamtzahl von 1920 WM-Bällen ergeben würde. Die Bestellung würde also etwa 2000 Bälle umfassen.

Bei der Diskussion, der Lösungsfindung und der kurzen Auswertung dieser Aufgabe thematisierte ich deutlich das Herangehen an diese Art Mathematikaufgaben und die Offenheit der Lösung: „Ihr müsst aus eurer eigenen Erfahrung heraus Vermutungen aufstellen und auf der Basis dieser eigentlich ungesicherten Annahmen weiterrechnen. Eine andere Klasse würde wahrscheinlich eine etwas andere Lösung erhalten, die eben auch richtig sein kann."

Die Einteilung in die Gruppen vollzog sich rasch. Ich skizzierte kurz die Inhalte der drei Aufgaben und erklärte die Funktion des Materialtisches. Ich kündigte an, dass ich nach der Gruppenphase jeweils einen Vertreter aus der Gruppe bestimmen werde, der die Ergebnisse vorstellen wird. Als Bearbeitungszeit gab ich *30 Minuten* vor und benannte die Dreiergruppen. Jede der acht Gruppen erhielt die Kopie einer Karte aus der Fermi-Box: Die Aufgaben „Riesenfußball" (G4) und „Fußball-Fülle" (G7) wurden von drei Gruppen bearbeitet, die Aufgabe „Baden gehen" (G1) von zwei Gruppen.

Bestimmen von Längen, Flächen und Volumina

1. Riesenfußball

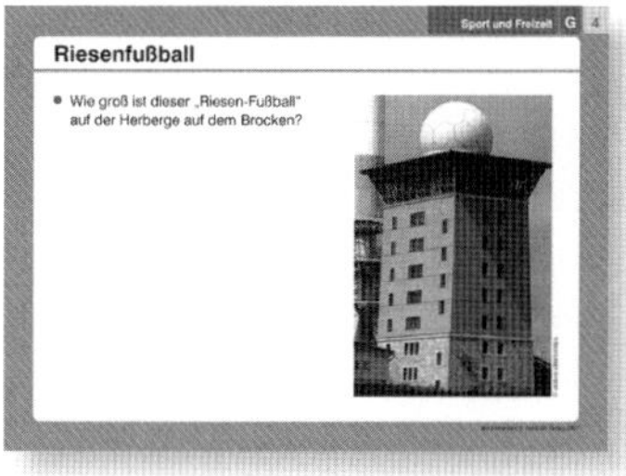

Wie groß ist der Fußball? (Durchmesser des Balls)

Ideen:

Lösungsweg:

2. Fußball-Fülle

Wie viel Bälle passen auf ein Spielfeld?

Ideen:

Lösungsweg:

3. Baden gehen

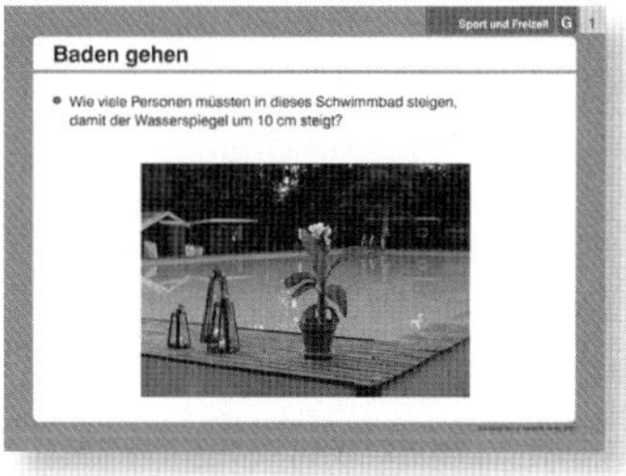

Wie viele Personen müssten in das Schwimmbad steigen, damit das Wasser um 10 cm ansteigt?

Ideen:

Lösungsweg:

Während der Arbeitsphase zeigten die Gruppen unterschiedliche Herangehensweisen:
Die Gruppen mit der Aufgabe G7 „Fußball-Fülle" holten sich recht schnell einige Materialien und probierten, wie viele Fußbälle auf einen mit Papier ausgelegten Tisch (zum Zeichnen der Ballumrisse) passen. Ihre Arbeit war stark durch das Umgehen mit den Bällen und den Plänen der Fußballfelder geprägt.

Eine Gruppe mit der Aufgabe G1 „Baden gehen" experimentierte sehr ausführlich. Sie füllten ein kleines Wasserbecken mit Wasser und hantierten mit Spielzeugfiguren und Holzwürfeln. Die andere Gruppe der Schwimmbad-Aufgabe experimentierte dagegen kaum, sie diskutierte und arbeitete intensiv ohne Hilfsmittel.

Zwei Gruppen der Aufgabe G4 „Riesenfußball" arbeiteten ebenfalls ohne Hilfsmittel; die dritte Gruppe dagegen vermaß einen Fußball. Wie sich später in der Präsentation herausstellte, setzten sie eine Teilfläche des realen Fußball in maßstäbliche Relation zum Riesenfußball.

Während der Gruppenarbeit beschränkte sich meine Tätigkeit hauptsächlich auf distanziertes Beobachten als Vorbereitung der Präsentationsphase und auf das „Mut machen" in solchen Situationen, in denen die Schülerinnen und Schüler an sich selbst und ihrer eigenen Courage zweifelten.

Auswertung

Für die Zusammenfassung der Präsentationsphase im zweiten Teil der Unterrichtseinheit nutzten wir das Arbeitsblatt (vgl. S. 33). Das Ausfüllen gestalteten wir gemeinsam: Die Vorträge zu einer Aufgabe erfolgten hintereinander; nach jedem Vortrag formulierten die Zuhörer die wichtigste Lösungsidee der gerade präsentierenden Gruppe. Diese und die ermittelte Lösung wurden an der Tafel notiert. Im Anschluss an die Vorträge zu einer Aufgabe notierten die Schülerinnen und Schüler die Ideen und das Lösungsspektrum auf ihr Arbeitsblatt.

So wechselten sich Zuhören und Diskutieren von Lösungsideen mit Schreibphasen ab. Meine Schüler der Klasse 5 sind auch noch nicht in der Lage, eigenständig wichtige Kerngedanken aus einem Schülervortrag zu extrahieren und selbstständig schreibend zu formulieren. Hier ist die Anleitung der Lehrperson wichtig.

Lösungsideen zu den Aufgaben

In den Schülervorträgen kristallisierten sich überraschend kreative Lösungsideen heraus:

G 4 – Riesenfußball (3 Gruppen)

1. Schätzung der Höhe eines Fensters (1 m)
   Schätzung der Höhe des Turms (18 m)
   Wie oft passt der Ball in den Turm?
   Messen in Bild: 6 mal (Durchmesser)
2. Schätzen der Fensterfläche
   Bestimmen der Größe einer Teilfläche eines Fußballs
   Maßstabsumrechnung: Durchmesser 9 m

G 7 – Fußball-Fülle (3 Gruppen)

1. Länge des Feldes (100 m) : Breite Fußball (21 cm) = 476 cm
   Breite des Feldes (54 m) : Breite Fußball (21 cm) = 257 cm
   Also passen 476 · 257 = 122382 Bälle auf das Feld.
2. Fläche Fußballfeld (120 m · 70 m = 8400 m^2)
   25 Bälle pro 1 m^2 ergibt 210 000 Bälle auf dem Feld.
3. Fläche Fußballfeld (110 m · 80 m = 8800 m^2 = 880000 cm^2)
   Fläche durch Ballbreite (22 cm) ergibt 40000 Bälle.
   (falscher Schluss!)

G 1 – Baden gehen (2 Gruppen)

1. Vermutung: Wenn 1 Person untertaucht,
   steigt das Wasser um 1 mm.
   Also: 100 Personen tauchen unter,
   dann steigt das Wasser um 10 cm.
2. Annahme Schwimmbecken: 50 m lang, 15 m breit, 2 m tief
   Abschätzung: In das Becken passen 3000 Personen.
   Betrachten eines kleinen Wasserbeckens.
   Vollständiges Füllen mit 3 Holzwürfeln:
   Annahme: 1 Würfel entspricht 1000 Personen.
   Beobachtung: Bei 1 Würfel steigt Wasser um 1 cm,
   das entspricht 10 cm im Becken.
   Also: 1000 Personen lassen das Wasser um 10 cm ansteigen
   Welche Annahme ist gut? Welche kann verbessert werden?

In den Abschlussrunde merkten einige überrascht an, dass es Aufgaben gibt, bei denen ich als Lehrer keine Lösung parat habe oder, wenn ich eine Lösung habe, diese vielleicht ganz anders ist als ihre eigene – aber deshalb nicht etwa „richtiger“. Das hat ihnen gefallen.

Zu den Aufgabenkommentaren

Auf den folgenden Seiten finden Sie zu jeder Aufgabenkarte aus der Fermi-Box weitere Informationen: Neben den angeregten Schüleraktivitäten (meist Schätzen und Überschlagen, plausible Annahmen machen, Alltagswissen einsetzen und – bei Bildaufgaben – Daten aus Abbildungen entnehmen) sind spezifische Kompetenzen (also jenseits der für Fermi-Aufgaben typischen) aufgeführt. Methodische Hinweise, Hintergrundinformationen und Beispiele für die Lösungsspanne bieten eine Orientierung zum Einsatz der Aufgabe. Passende Aufgaben können von den thematisch-inhaltlichen Kontexten bzw. den mathematischen Aktivitäten ähnlich sein oder sich sinnvoll ergänzen.
Die Anregungen für die Schülerinnen und Schüler können Sie als gezielte Hilfe geben oder für die Klasse kopieren. Die Fragen sollen nicht „der Reihe nach" abgearbeitet werden, sondern nur Impulse zum eigenständigen Weiterdenken sein. Sie enthalten Hinweise auf Teilschritte oder helfen, Lösungsstrategien zu entwickeln.

Anregungen zum Umgang mit Schülerlösungen

In den folgenden Kommentaren zu den Aufgaben der Fermi-Box finden Sie vereinzelt Schülerlösungen abgedruckt. Diese Schülerlösungen sind keinesfalls als „perfekte“ oder „richtige“ Lösungen und somit als „Musterlösungen“ gedacht. Vielmehr stellen sie zusätzliches Material dar, mit dem sich Ihre Schülerinnen und Schüler reflektierend auseinandersetzen können – dies gilt insbesondere für die abgedruckten Lösungen, die bei denen der Teufel noch im Detail steckt und die deshalb noch keine angemessene Aufgabenbearbeitung darstellen. Sie können diese Bearbeitungsbeispiele für Ihre Schülerinnen und Schülern kopieren oder sie über den OHP präsentieren.

Mögliche Aufforderungen zur Auseinandersetzung mit den Lösungen können sein:

- Versuche, den Lösungsweg nachzuvollziehen.
- Welche Idee hatten die Schülerinnen und Schüler hier?
- Erkläre mit eigenen Worten, wie die Schüler bei ihrer Lösung vorgegangen sind.
- Welche Angaben wurden berechnet, welche wurden geschätzt?
- Welche Annahmen und Rechnungen findest du sinnvoll?
- Wie gut ist eigentlich das Ergebnis dieser Lösung?
- Würdest du anders rechnen oder schätzen?
- Wo fehlen dir Erklärungen? Kannst du sie einfügen?
- Stehen hier zu viele Angaben oder Rechnungen? Was könnte man kürzen oder weglassen?
- Verbessere die Lösung.

Die Vorlage von Schülerlösungen eignet sich dann, wenn Gruppen nur wenige Erfahrungen mit Fermi-Aufgaben haben oder auf größere Schwierigkeiten stoßen.

A1 Schulversammlung

- Wie groß muss ein Raum sein, in dem sich alle Menschen, die zu deiner Schule gehören, versammeln können?

Aktivitäten

- Anzahlen und Größen veranschaulichen
- plausible Annahmen machen
- Alltagswissen einsetzen (Wie sind die Ausmaße eines Menschen?)
- Daten messen (Schulterbreite messen; prüfen, wie viele Menschen auf einen Quadratmeter passen)

Spezifische Kompetenzen

- Grundvorstellungen zu Flächen vertiefen,
- Rechnen mit Flächeninhalten und den zugehörigen Maßeinheiten üben

Methodische Anregungen

- Ein Bandmaß zum Abmessen bereithalten. Die Schülerinnen und Schüler sollten über elementare Flächenvorstellungen verfügen („Was ist ein Quadratmeter?"). Wenn es ihnen schwer fällt einzuschätzen, wie viel Platz Menschen benötigen, können sie bei einer Schülergruppe messen.
- Wenn die Schülerinnen und Schüler die Anzahl der Lernenden und Lehrenden an Ihrer Schule nicht genau kennen, die Schülerinnen und Schüler es aber dennoch genau wissen wollen, können sie eine Recherche im Sekretariat durchführen. Interessant ist in diesem Zusammenhang die Frage, wie sehr sich das Ergebnis ändert, wenn die konkrete Zahl um 10, 50, oder 100 Personen verändert wird.
- Gemeinsam mit A2 „Menschenkette" ist die Aufgabe geeignet, um Flächeninhalte und Längen voneinander abzugrenzen und den Zusammenhang von Flächeninhalt und Umfang zu erkunden.

Zum Weiterdenken

Aufbauend sollen Fläche und Volumen miteinander verglichen und voneinander abgegrenzt werden. Dies gelingt zum Beispiel durch die Frage, wie groß der Raum sein müsste, wenn man alle Menschen „stapeln" (übereinander legen) könnte.
Fächerübergreifende Aspekte: Informationen zur Weltbevölkerung einholen, mit der Größe einzelner Länder vergleichen.

Dazu passende Aufgaben

A2 Menschenkette
A8 Masse in der Klasse
A12 Schulweg
H7 Antikes Theater

Schulversammlung — A1

Anregungen für Schülerinnen und Schüler

Vielleicht helfen dir die folgenden Fragen:

- Wer gehört alles zu deiner Schule (Schüler, Lehrer, Hausmeister, ...)?
- Wie viele Klassen hat deine Schule?
  Wie viele Menschen gehören zu einer Klasse?
- Wie dicht stehen Menschen bei einer Versammlung,
  bei einem Konzert beieinander?
- Wie viele Menschen passen auf einen Quadratmeter?
- Wie viele Personen passen in deinen Klassenraum?

A2. Menschenkette

- Wenn alle Schülerinnen und Schüler deiner Schule eine Menschenkette bilden, könnt ihr dann die Schule einschließen?

Aktivitäten

- Anzahlen und Größen durch Schätzen und Überschlagen ermitteln
- Anzahlen und Größen veranschaulichen
- plausible Annahmen machen
- Alltagswissen einsetzen (z. B. Ausmaße eines Menschen)
- Daten messen (z. B. Spannweite von Menschen oder den Grundriss der Schule ausmessen)

Spezifische Kompetenzen

- Grundvorstellungen zu Länge und Umfang vertiefen
- Rechnen mit Längen und den zugehörigen Maßeinheiten üben
- Kenntnisse zur Umfangsberechnung anwenden und vertiefen – hier vor allem bei komplizierten Figuren (Grundrissen)

Methodische Anregungen

- Die Schülerinnen und Schüler sollten schon über elementare Längenvorstellungen verfügen („Wie lang ist ein Meter?").
- Man kann die Aufgabe variieren: Wird für verschiedene Gruppengrößen ermittelt, welche Flächen/Gebäude sie umschließen können, führt dies zu dem Zusammenhang, dass die Fläche sich vervierfacht, wenn die Gruppengröße verdoppelt wird.
- Einen Grundriss der Schule bereithalten: Der Grundriss kann zunächst sehr unübersichtlich sein. Dann tritt die Frage der Umfangsbestimmung hierfür und entsprechend auch der Aspekt „Zeichnung im Maßstab" stärker in den Vordergrund. Falls der Grundriss der Schule sehr unübersichtlich ist, kann die Aufgabe verändert werden: Können alle Fünftklässler eine Menschenkette um die Turnhalle bilden?
- In Verbindung mit A1 „Schulversammlung" können Längen und Flächeninhalte voneinander abgegrenzt und der Zusammenhang von Umfang und Flächeninhalt erkundet werden. Der Bezug zum „Umfang der Schule" ist derselbe wie in A3 „Eingezäunt".

Zum Weiterdenken

Der Zusammenhang und die Abgrenzung von Flächen und Umfängen werden direkt durch die folgende Frage angesprochen: Können die Lehrkräfte der Schule alle Schülerinnen und Schüler mit einer „Lehrer-Kette" einschließen?

Hintergrundinformationen

Man kann davon ausgehen, dass die Spannweite eines erwachsenen Menschen ungefähr seiner Körpergröße entspricht (wie z. B. auf der italienischen 1 Euro-Münze zu sehen ist). Bei der Bildung einer Menschenkette müssen hiervon noch Längen für „Sich-an-den-Händen-Fassen“ subtrahiert werden.

Dazu passende Aufgaben

A3 Eingezäunt
A1 Schulversammlung
D3 Bodensee

Menschenkette A2

Anregungen für Schülerinnen und Schüler

Vielleicht helfen dir die folgenden Fragen:

- Wie groß ist deine „Spannweite“? (Deine „Spannweite“ kannst du messen, wenn du die Arme ausbreitest und den Abstand von den Fingerspitzen der einen Hand zu denen der anderen Hand misst.)
- Wie lang ist eine Kette aus zwei, fünf oder zehn Schülerinnen und Schülern?
- Wie viele Schülerinnen und Schüler können eine Kette bilden, die – innen entlang der Wände – deinen Klassenraum einschließt?
- Wie viele Klassen hat die Schule? Wie viele Schülerinnen und Schüler gehören zu einer Klasse? Wie viele Schülerinnen und Schüler gehören zu deiner Schule?
- Wie viele Schritte braust du, um einmal um deine Schule herumzugehen?
- Wie sieht der Grundriss deiner Schule aus? Welchen Umfang hat deine Schule?
(Ein „Grundriss“ ist ein Plan, in dem man die Mauern eines Gebäudes von oben sieht.)

A3. Eingezäunt

- Wie viele Zaunstäbe bräuchte man, um deine Schule mit einem Jägerzaun einzuzäunen?

Aktivitäten

- Anzahlen und Größen durch Schätzen und Überschlagen ermitteln
- plausible Annahmen machen
- Daten aus Abbildungen entnehmen (Zaunpfähle pro laufendem Meter schätzen)
- Ergebnisse überprüfen (außerhalb des Klassenraums, z. B. als Hausaufgabe)

Spezifische Kompetenzen

- Grundvorstellungen zu Längen und Umfängen vertiefen
- Rechnen mit Anzahlen, Längen und den zugehörigen Maßeinheiten üben
- Kenntnisse zur Umfangsberechnung anwenden und vertiefen – hier vor allem bei komplizierten Figuren (Grundrissen)

Methodische Anregungen

- Die Schülerinnen und Schüler sollten über Längenvorstellungen im konkreten Zusammenhang verfügen („Wie viel Meter Zaun sind auf dem Foto zu sehen?").
- Die Daten für die Bearbeitung der Aufgabe (z. B. „Zaunstäbe pro laufendem Meter") können vorbereitend oder zur Ergebniskontrolle außerhalb des Klassenraums gemessen werden.
- Der Bezug zum „Umfang der Schule" ist derselbe wie bei A2 „Menschenkette".

Zum Weiterdenken

Bei der „Maschendraht-Frage" zum Weiterdenken kommt eine andere Zaunkonstruktion ins Spiel. Wie beim Jägerzaun geht es hier auch um das Erkennen geometrischer Muster. Die Schülerinnen und Schüler können ihre Kreativität zeigen, wenn sie selbst eine andere Zaunkonstruktion vorschlagen und hierfür den Materialverbrauch ermitteln.
Die Frage, wie viele Gartenzwerge auf den Schulhof passen, nimmt die Fläche in den Blick – hier geht es also um den Zusammenhang und die Abgrenzung von Fläche und Umfang.

Dazu passende Aufgaben

A2 Menschenkette
D6 Bodensee
E1 Strickpullover

Hintergrundinformationen

Die Anzahl der Zaunlatten pro laufendem Meter Zaun variieren je nach den konkreten Maßen eines Zaunes, bei einigen üblichen Fabrikaten werden zehn benötigt.
Der Jägerzaun wird aufgrund seiner Konstruktionsweise auch „Scherenzaun" genannt – dies kann bei Recherchen relevant werden.

Der *kürzeste Zaun der Welt* wurde 2005 von den Forscher Seth Marder und Joseph Perry mittels eines neuartigen Verfahrens der Mikrotechnik, der *two-photon 3D lithography*, zu Demonstrationszwecken hergestellt. Er ist ca. 200 Mikrometer lang und 50 Mikrometer hoch und besteht aus drei rechteckigen Kettengliedern und zwei „Pfosten". Nähere Informationen finden Sie unter http://de.wikipedia.ord/wiki/Zaun

Eingezäunt A3

Anregungen für Schülerinnen und Schüler

Vielleicht helfen dir die folgenden Fragen:

- Wie viele Zaunstäbe braucht man für einen Meter Jägerzaun?
- Wie viele Schritte brauchst du, um einmal um deine Schule herumzugehen?
- Wie sieht der Grundriss deiner Schule aus?
  Welchen Umfang hat deine Schule?
  (Ein „Grundriss" ist ein Plan, in dem man die Mauern eines Gebäudes von oben sieht.)

A4. Deine Lebenszeit

- Wie viele Stunden (Tage, Wochen, Monate, Jahre) hast du in deinem Leben schon
  - … vor dem Fernseher verbracht?
  - … in der Schule gesessen?
  - … dir die Zähne geputzt?
  - … Hausaufgaben gemacht?
  - … geschlafen?
  - … vor dem Computer gesessen?

Aktivitäten
- Anzahlen und Größen durch Schätzen und Überschlagen ermitteln
- plausible Annahmen machen
- Alltagswissen einsetzen
- ggf. Daten messen („Wie lange schaue ich in der nächsten Woche fern?“)
- ggf. Ergebnisse überprüfen

Spezifische Kompetenzen
- Grundvorstellungen zu Zeiteinheiten vertiefen
- Rechnen mit großen Zahlen
- Umrechnen von Zeiteinheiten üben
- Grundvorstellungen zur Durchschnittsbildung (Mittelwerten) vertiefen

Methodische Anregungen
- Die Schülerinnen und Schüler sollten mit großen Zahlen rechnen können und über Stützpunktvorstellungen zu Minuten, Stunden, Tagen, Wochen, Monaten und Jahren verfügen.
- Die Aufgabe bietet sich an, um die verschiedenen Fragen arbeitsteilig, z. B. in einem Gruppenpuzzle, zu bearbeiten. Wenn auch die Inhalte (Tätigkeiten) unterschiedlich sind, so ist doch die Vorgehensweise in allen Fällen ähnlich. Anschließend wird eine Gesamtdarstellung „Wie ich meine Zeit verbringe“ erstellt. Das Ergebnis lässt sich grob überprüfen, da die Gesamtstundenzahl das aktuelle Alter nicht überschreiten sollte.

Variante
- Die Aufgabe kann handlungsorientiert erweitert werden, indem die Schülerinnen und Schüler über einen gewissen Zeitraum die jeweils für eine Tätigkeit benötigte Zeit messen und tabellieren.

Zum Weiterdenken

Die Gegenüberstellung mehrerer Lösungen regt ein Nachdenken über unterschiedliche Verhaltensweisen und Schätzungen an und fordert zur Diskussion über das gewählte Vorgehen auf. Die ähnliche Struktur der Lösungswege wird im Vergleich deutlich.
Einen Tag in seinem Leben zu protokollieren (Daten messen) eignet sich als Hausaufgabe/längerfristige Aufgabe.

Zur grafischen Darstellung gibt es mehrere Anregungen – hier können die Schülerinnen und Schüler zunächst einen Zeitraum (Tag/Woche/Monat/Jahr) auswählen oder sich arbeitsteilig organisieren. Sie müssen auch die Tätigkeiten, die dargestellt werden sollen, aushandeln. Welche Oberbegriffe lassen sich finden? Die Lernenden treffen hier einige inhaltliche Festlegungen selbst.

Wie eine entsprechende Grafik in 10/30/50 Jahren aussähe, hängt mit der Frage zusammen, wie Menschen unterschiedlichen Alters ihre Zeit verbringen. Hier bietet sich – ebenso wie beim Vergleich mit Gleichaltrigen – eine kleine Umfrage an.

Dazu passende Aufgaben

A5 Matheaufgaben
B4 Händedruck
F5 Arbeitszeit
H2 Potter – na und ...

Deine Lebenszeit A4

Anregungen für Schülerinnen und Schüler

Vielleicht helfen dir die folgenden Fragen:

- Wie lange dauert deine Lieblingssendung im Fernsehen?
- An welchen Tagen schaust du wie viele Stunden fern?
- Wie viele Tage hat ein Jahr?
- Was machst du in den Ferien?
- An welchen Tagen schaust du besonders viel fern, an welchen besonders wenig?

A5. Matheaufgaben

- Wie viele Matheaufgaben hast du in deinem Leben schon bearbeitet?

Aktivitäten

- Anzahlen durch Schätzen und Überschlagen ermitteln
- plausible Annahmen machen
- Alltagswissen einsetzen

Spezifische Kompetenzen

- Rechnen mit großen Zahlen üben

Methodische Anregungen

- Die Schülerinnen und Schüler müssen hier ggf. einige inhaltliche Festlegungen selbst treffen, z. B. „Ist eine Päckchenaufgabe mit den Teilen a) bis e) eine Aufgabe oder sind dies fünf Aufgaben?“
- Die Lernenden können Daten messen, in dem sie in ihren Heften nachzählen und das Ergebnis auf die bisherigen und noch kommenden Schuljahre hochrechnen.
- Diese Aufgabe kann handlungsorientiert erweitert werden, indem die Schülerinnen und Schüler über einen gewissen Zeitraum die Anzahl der von ihnen bearbeiteten Mathematikaufgaben erheben und protokollieren.

Zum Weiterdenken

Der Perspektivwechsel („Wie viele Matheaufgaben stellt dein Lehrer/deine Lehrerin in seinem/in ihrem Leben?“) setzt die gewonnen Zahlen in einen neuen Zusammenhang. Die Frage, wie viele Zahlen man in seinem Leben schon geschrieben hat, weitet den Blick über den Schulalltag hinaus.

Dazu passende Aufgaben

E2 Tastendruck
B2 So viel Sprache
A4 Lebenszeit
B4 Händedruck

Matheaufgaben A5

Anregungen für Schülerinnen und Schüler

Vielleicht helfen dir die folgenden Fragen:

- Wie viele Jahre gehst du schon zur Schule?
- Wie viele Matheaufgaben bearbeitest du in einer Unterrichtsstunde?
- Wie lange dauert es, eine Aufgabe zu lösen?
- Wie viele Aufgaben bearbeitest du in einer Woche?
- Wie lange wirst du noch zur Schule gehen?
- Wie viele Aufgaben wirst du nach deiner Schulzeit noch bearbeiten?
- Wie viele Matheaufgaben bearbeitest du während deiner Hausaufgaben?
- Wie viele Jahre arbeitet ein Lehrer, eine Lehrerin in seinem, in ihrem Leben?
- Wie viele Mathestunden unterrichtet er (sie) pro Woche?
- Wie viele Aufgaben stellt er (sie) an einem Tag?

A6. Schulverbrauch

Wie viel …
- Wasser,
- Kreide,
- Toilettenpapier,
- Bleistifte,
- Klebstoff
- … wird jedes Jahr in eurer Schule verbraucht?

Aktivitäten
- Anzahlen und Größen durch Schätzen und Überschlagen ermitteln
- plausible Annahmen machen
- Alltagswissen einsetzen
- Daten messen und experimentell bestimmen (z. B. Kreideverbrauch)
- Ergebnisse überprüfen (z. B. Hausmeister fragen)

Spezifische Kompetenzen
- Rechnen mit großen Zahlen und Maßeinheiten üben.

Methodische Anregungen
- Die Aufgabe bietet sich an um die verschiedenen Fragen arbeitsteilig, z. B. in einem Gruppenpuzzle, zu bearbeiten. Anschließend kann mit weiteren Fragen eine Gesamtdarstellung „Laufende Unterhaltungskosten einer Schule" erstellt werden. Für einen Teil der Fragen können die Ergebnisse überprüft werden, indem entsprechende Auskünfte (z. B. beim Hausmeister) eingeholt werden.
- Einige Größen wie zum Beispiel der Kreideverbrauch können von den Schülerinnen und Schülern experimentell ermittelt werden.

Zum Weiterdenken
Wurde die Aufgabe allein gelöst, bietet sich der Vergleich mit anderen Lösungen an. Dies regt ein Nachdenken über unterschiedliche Schätzungen an und fordert zur Diskussion über das gewählte Vorgehen auf. Die ähnliche Struktur der Lösungswege wird dabei deutlich.
Die Frage nach dem Stromverbrauch der Schule und möglichen Maßnahmen zum Stromsparen erfordert gegebenenfalls eine Recherche beim Hausmeister.

Dazu passende Aufgaben

A9 Kopierpapier
C6 Tropfender Wasserhahn
C7 Müllionen
C8 Hundehaufen

Schulverbrauch A6

Anregungen für Schülerinnen und Schüler

Vielleicht helfen dir die folgenden Fragen:

- Wie viele Menschen gehen täglich in deine Schule?
- Wofür wird Wasser in der Schule verbraucht?
- Wie viel Wasser verbrauchst du in deiner Schule an einem Tag?
- Verbrauchen deine Mitschüler (Mitschülerinnen) mehr oder weniger Wasser als du?
- Wie viel Wasser verbraucht man, wenn man sich einmal die Hände wäscht?
- Wie viel Wasser verbraucht ein Lehrer (eine Lehrerin) an einem Schultag?
- Wie viel Wasser verbraucht eine Klospülung?

A7 Der Geldkoffer

- Wie viel Geld passt in die Arbeitstasche deines Lehrers/deiner Lehrerin?

Aktivitäten
- Anzahlen und Größen durch Schätzen und Überschlagen ermitteln
- Anzahlen und Größen veranschaulichen
- plausible Annahmen machen
- Alltagswissen einsetzen (z. B. Geldschein mit größtem Betrag kennen, dessen Größe einschätzen)
- Daten messen und experimentell bestimmen (z. B. „kleinere" Geldscheine messen oder viele Zettel in eine kleine Tasche packen)

Spezifische Kompetenzen
- Grundvorstellungen zu Flächen und Volumina vertiefen
- Rechnen mit Flächen, Volumina und den zugehörigen Maßeinheiten üben
- Rechnen mit großen Zahlen

Methodische Anregungen
- Die Schülerinnen und Schüler sollten über tragfähige Vorstellungen von Flächen und Volumina verfügen. Sie können die Größe der Lehrertasche direkt nachmessen oder das Volumen schätzen.

Zum Weiterdenken
„Wie lange müssest du arbeiten, um so viel Geld zu verdienen?" – Diese Frage soll ein Gefühl für den Wert der geschätzten Summe vermitteln (hier: wie viel „Arbeitskraft").
Da das Bild die Berechnung mit Scheinen nahe legt, kann eine entsprechende Frage zu den Münzen gestellt werden.

Dazu passende Aufgaben
A9 Kopierpapier
A10 Luftballons im Klassenraum
E6 Ein Milliardär hat´s schwer
G7 Fußballfülle,

Hintergrundinformationen

Für die Dicke von Euroscheinen findet man im Internet Angaben, die von 0,1 mm bis 0,125 mm pro Schein ausgehen.
Nähere Informationen finden Sie unter
http://www.bundesbank.de/bargeld/bargeld_faq_euromuenzen.php

Nennwert	*Maße*
5 €	120 x 62 mm
10 €	127 x 67 mm
20 €	133 x 72 mm
50 €	140 x 77 mm
100 €	147 x 82 mm
200 €	153 x 82 mm
500 €	160 x 82 mm

Tabelle 1:
Maße der Euronoten

Merkmal	*Durchmesser*	*Dicke am Rand*	*Gewicht*
1 Cent	16,25 mm	1,67 mm	2,30 g
2 Cent	18,75 mm	1,67 mm	3,06 g
5 Cent	21,25 mm	1,67 mm	3,92 g
10 Cent	19,75 mm	1,93 mm	4,10 g
20 Cent	22,25 mm	2,14 mm	5,74 g
50 Cent	24,25 mm	2,38 mm	7,80 g
1 Euro	23,25 mm	2,20 mm	7,50 g
2 Euro	25,75 mm	2,33 mm	8,50 g

Tabelle 2:
Maße und Gewicht der Euromünzen

Der Geldkoffer A7

Anregungen für Schülerinnen und Schüler

Vielleicht helfen dir die folgenden Fragen:

- Wie groß ist der größte Euroschein?
- Wie groß ist die Arbeitstasche deines Lehrers/deiner Lehrerin?
- Wie viel ist der größte Euroschein wert?
- Wie hoch ist ein Stapel mit 100 Geldscheinen?
- Wie viele Stapel passen nebeneinander in die Arbeitstasche?
- Wie hoch können die Stapel sein?

A8. Masse in der Klasse

- Wie viel wiegen alle Schülerinnen und Schüler deiner Schule zusammen?

Aktivitäten

- Anzahlen und Größen durch Schätzen und Überschlagen ermitteln
- plausible Annahmen machen
- Alltagswissen einsetzen (z. B. Gewicht von Schülerinnen und Schülern)

Spezifische Kompetenzen

- Grundvorstellungen zu Gewichten und Mittelwerten vertiefen
- Rechnen mit Gewichten und den zugehörigen Maßeinheiten üben

Methodische Anregungen

- Die Schülerinnen und Schüler können das durchschnittliche Gewicht eines Schülers, einer Schülerin in verschiedenen Jahrgängen auch durch Befragung erheben.
  Da die Frage nach dem Gewicht für viele recht heikel ist, bieten sich anonymisierte Fragebögen an.

Zum Weiterdenken

Statt nach dem Gesamtgewicht kann nach der Gesamtgröße aller Schüler gefragt werden. Dabei rückt schon der Zusammenhang von Körpergröße und -gewicht in den Blick; wie auch bei dem Vergleich mit einem „Riesen“, der so schwer ist wie alle Schüler zusammen.

Dazu passende Aufgaben

A1 Schulversammlung
A2 Menschenkette
A11 Fahrräder
A12 Schulweg

Masse in der Klasse A8

Anregungen für Schülerinnen und Schüler

Vielleicht helfen dir die folgenden Fragen:

- Wie viele seid ihr in eurer Klasse?
- Wie schwer sind die ältesten (jüngsten) Schülerinnen und Schüler deiner Schule?
- Wie viele Schülerinnen und Schüler gehen auf deine Schule?
- Wie schwer bist du?
- Wie viele Schülerinnen und Schüler deiner Schule sind schwerer als du, wie viele leichter?

A9. Kopierpapier

- Wie hoch wäre ein Turm aus dem Papier, das in deiner Schule jedes Jahr für Kopien verbraucht wird?

Aktivitäten
- Anzahlen und Größen durch Schätzen und Überschlagen ermitteln
- Anzahlen und Größen veranschaulichen
- plausible Annahmen machen
- Alltagswissen einsetzen („Wie viele Kopien bekommen wir?“)
- ggf. Daten messen

Spezifische Kompetenzen
- Grundvorstellungen zu Längen vertiefen
- Rechnen mit großen Zahlen, Längen und den zugehörigen Maßeinheiten üben

Methodische Anregungen
- Die Schülerinnen und Schüler müssen mit Längen und deren Umrechnung arbeiten können. Die Ergebnisse können überprüft werden, indem Auskünfte über das verbrauchte Kopierpapier eingeholt werden – zum Beispiel beim Hausmeister. Oder die Lernenden erheben über einen vereinbarten Zeitraum die Anzahl der Kopien, die sie erhalten.

Zum Weiterdenken
Die Frage nach einem geeigneten Lagerraum richtet den Blick auf das Volumen, die Frage nach der Größe einer mit all dem Kopierpapier zu tapezierenden Wand auf die Fläche. Längen, Flächen und Volumina können also mit den Überlegungen zu allen Fragen auf dieser Karte zusammen untersucht und voneinander abgegrenzt werden.

Dazu passende Aufgaben
A6 Schulverbrauch
A7 Der Geldkoffer
C7 Müllionen

Hintergrundinformationen

Bei Kopierpapier (80 g pro m^2) kann man ungefähr von einer Höhe von 0,1 mm pro Blatt ausgehen (also von einer ähnlichen Blattdicke wie bei Geldscheinen, vgl. A7 „Der Geldkoffer").

Informationen zum bundesweiten Papierverbrauch im Jahr 2004 finden Sie unter http://www.initiative-papier.de/cms/download/Fakten_zum_Papierverbrauch.pdf

Kopierpapier A9

Anregungen für Schülerinnen und Schüler

Vielleicht helfen dir die folgenden Fragen:

- Wie viele Kopien bekommst du in einer Woche?
- Wie viele Kopierer stehen in deiner Schule?
- Wie hoch ist ein Stapel von 100 Blättern?
- Wie viele Kopien bekommen die Schülerinnen und Schüler in den anderen Klassen?
- In welchen Fächern bekommt ihr besonders viele Kopien, in welchen wenig?
- Wofür werden in deiner Schule Kopien gemacht?
- Wo hoch ist ein Paket Kopierpapier?
- Wie dick ist ein Heft oder ein Buch?

A10. Luftballons im Klassenraum

- Wie viele Luftballons passen in deinen Klassenraum?

Aktivitäten
- Anzahlen und Größen durch Schätzen und Überschlagen ermitteln
- Anzahlen und Größen veranschaulichen
- plausible Annahmen machen
- Alltagswissen einsetzen (z.B. „Wie groß ist ein Luftballon“?)
- Daten messen (z.B. Größe des Klassenraums)

Spezifische Kompetenzen
- Grundvorstellungen zu Volumina vertiefen
- Rechnen mit Volumina und den zugehörigen Maßeinheiten üben

Methodische Anregungen
- Die Größe des Klassenraums kann mit geeigneten Hilfsmitteln ausgemessen werden. Die Aufgabe eignet sich auch als Einstieg in das Thema „Volumen“.
- Bringt man größere und kleinere Luftballons mit, so kann der Unterschied zwischen Volumen und Durchmesser erkundet werden.
- Parallel kann die Karte G7 „Fußball-Fülle“ eingesetzt werden. Hier soll die Anzahl der Fußbälle abgeschätzt werden, die nebeneinander auf einem Fußballfeld Platz haben.

Zum Weiterdenken
„Wie lange brauchen alle Schüler, um die Ballons aufzupusten?“ Diese Frage greift die Proportionalität und die Durchschnittsbildung auf.
Der Vergleich mit größeren oder kleineren Luftballons regt an, über die funktionale Abhängigkeit des Ergebnisses von den Ausgangsdaten nachzudenken.

Dazu passende Aufgaben
G7 Fußball-Fülle
A7 Der Geldkoffer
A9 Kopierpapier

Hintergrundinformationen

Wenn die Luftballons nicht wie auf den Punkten eines Raumgitters, sondern Platz sparend „auf Lücke" gelegt werden, stellt sich die Frage nach möglichst dichten Kugelpackungen, die mathematisch sehr reichhaltig ist. Die Platz sparendste Art, die idealisiert kugelförmig gedachten Luftballons zu packen, hängt immer auch von den konkreten Raummaßen ab.

Luftballons im Klassenraum A10

Anregungen für Schülerinnen und Schüler

Vielleicht helfen dir die folgenden Fragen:

- Wie groß ist ein Luftballon?
- Wie lang, breit und hoch ist dein Klassenraum?

A11. Fahrräder

- Wie viele Fahrräder besitzen die Familien aller Schülerinnen und Schüler deiner Schule zusammen?

Aktivitäten

- Anzahlen durch Schätzen und Überschlagen ermitteln
- plausible Annahmen machen
- Alltagswissen einsetzen

Spezifische Kompetenzen

- Rechnen mit ganzen Zahlen üben
- Umgang mit Mittelwerten

Methodische Anregungen

- Die Schülerinnen und Schüler können die durchschnittliche Anzahl der Fahrräder pro Familie auch in einer Befragung erheben.

Zum Weiterdenken

Wie groß müsste ein passender Fahrradkeller sein? Wie lang ist die Fahrradschlange bei einer gemeinsamen Radtour? Bei diesen Fragen zum Weiterdenken geht es um den Flächen- bzw. Längenbedarf für alle Räder – also um eine mögliche Abgrenzung der Begriffe Fläche und Länge.

Dazu passende Aufgaben

A1 Schulversammlung
A2 Menschenkette
A8 Masse in der Klasse
A12 Schulweg

Hintergrundinformationen

Das Fahrrad ist als günstiges Verkehrsmittel weit verbreitet. Um seine Entstehung ranken sich einige Gerüchte – tatsächlich erfunden hat das „einspurige Zweirad“ Karl Drais, damals noch Freiherr, 1817 in Mannheim. Der Fahrer saß zwischen den Rädern und stieß sich mit den Füßen am Boden ab.

Mittlerweile gibt es vom Tandem über das Liegerad bis zum Nebeneinanderrad viele Variationen. Ein besonderes Rad hat die Gruppe Triwengos in der Schweiz mit dem kleinsten Tridem-Fahrrad der Welt geschaffe. Das Rad für drei Personen ist 44,5 cm lang und die drei Fahrer legten auf ihm eine Strecke von 16,60 m zurück.

© Triwengos

Fahrräder A11

Anregungen für Schülerinnen und Schüler

Vielleicht helfen dir die folgenden Fragen:

- Wie viele Fahrräder besitzt deine Familie?
- Wie viele Schülerinnen und Schüler gehen auf deine Schule?
- Besitzen die Familien der anderen Schüler (Schülerinnen) deiner Schule mehr oder weniger Fahrräder als deine Familie?
- Wie viele Menschen gehören durchschnittlich zu einer Familie?

A12. Schulweg

- Wie viele Kilometer legen alle Schülerinnen und Schüler deiner Schule zusammengenommen jeden Morgen auf dem Weg zur Schule zurück?

Aktivitäten

- Anzahlen/Größen durch Schätzen und Überschlagen ermitteln
- plausible Annahmen machen
- Alltagswissen einsetzen (z. B. „Wie weit gehe ich jeden Morgen?")

Spezifische Kompetenzen

- Grundvorstellungen zu Längen und Mittelwerten vertiefen
- Rechnen mit Längen und den zugehörigen Maßeinheiten üben

Methodische Anregungen

- Beschränkt man sich zunächst auf die Schülerinnen und Schüler einer Klasse, so können diese auf einer Karte, einem Stadtplan ihre Wohnorte markieren. Dabei kann der Umgang mit der Karte und dem Maßstab geübt oder eingeführt werden. Die Frage nach den Wohnorten bietet sich an, wenn sich die Schülerinnen und Schüler zu Beginn eines Schuljahres erst kennen lernen.
- Die Aufgabe eignet sich auch – zusammen mit den Fragen zum Weiterarbeiten – als Einstieg in das Thema „Längen".

Zum Weiterdenken

Die Schülerinnen und Schüler können die durchschnittliche Länge von Schulwegen in einer Befragung erheben. Dabei können sie auch die verschiedenen Arten zur Schule zu kommen unterscheiden und die Ergebnisse dieser Befragung anschaulich darstellen. Zu den anderen Fragen (Wie viel wird in der Schule umhergegangen? Wie lange bräuchte man für die Gesamtstrecke zu Fuß? Wie oft müsste man in die Pedale treten, wenn man den Gesamtweg radeln würde?) bieten sich experimentelle Datenerhebungen auf dem Schulhof oder daheim an.

Dazu passende Aufgaben

A1 Schulversammlung
A2 Menschenkette
A12 Schulweg

Schulweg A12

Anregungen für Schülerinnen und Schüler

Vielleicht helfen dir die folgenden Fragen:

- Wie weit gehst oder fährst du jeden Morgen zur Schule?
- Fahren deine Mitschüler/Mitschülerinnen weiter als du?
- Wo wohnen die Schülerinnen und Schüler deiner Schule?
- Wie viele Schülerinnen und Schüler kommen zu Fuß (mit dem Fahrrad, mit dem Auto, mit dem Bus, mit der Bahn) zur Schule?
- Wie viele Schülerinnen und Schüler gehen auf deine Schule?

- Wie viele Kilometer im Jahr …
  - … legst du zu Fuß zurück?
  - … fährst du mit dem Fahrrad?
  - … fährst du mit dem Auto?
  - … fährst du mit dem Zug?
  - … fährst du mit dem Bus?
  - … fährst du mit der Straßenbahn?

Aktivitäten

- Fehlende Daten durch Schätzen und Überschlagen ermitteln
- Alltagswissen einsetzen
- Plausible Annahmen treffen

Spezifische Kompetenzen

- Grundvorstellungen zu Längen vertiefen
- Längen messen und mit Längen rechnen
- Durchschnittswerte schätzen, mit großen Zahlen umgehen

Methodische Anregungen

- Die Schülerinnen und Schüler sollten über grundlegende Vorstellungen von Entfernungen verfügen (Wie lang ist ein Kilometer? Wie lang ist mein Schulweg?). Eine Karte oder Streckenpläne der öffentlichen Verkehrsgesellschaften können hilfreich sein, evtl. auch ein Atlas oder eine Weltkarte, wenn die Entfernung zu Urlaubsorten einbezogen wird.
- Wird die Aufgabe über mehrere Schultage hinweg bearbeitet, können die Schülerinnen und Schüler Daten sammeln, indem sie ihr Verhalten etwa über eine Woche beobachten (auch als längere Hausaufgabe zur Überprüfung der getroffenen Annahmen geeignet).
- Schülerinnen und Schüler können experimentell tätig werden, indem sie Schrittlängen oder zurückgelegte Wege ausmessen (Maßbänder oder Zollstöcke bereithalten).

Zum Weiterdenken

Die Fragestellung kann auf größere Zeiteinheiten („Wie viele Kilometer hast du in deinem Leben zurückgelegt / legt ein Mensch durchschnittlich im Leben zurück?"), oder besondere Aktivitäten (beim Sport), Lebewesen (Tiere etc.) übertragen werden.
Die Ergebnisse werden in Schaubildern und durch Vergleiche veranschaulicht.

Dazu passende Aufgaben

A4 Deine Lebenszeit
B2 So viel Sprache
B8 Herzklopfen
D2 So weit die Füße tragen
F1 Der Bus kommt

Hintergrundinformationen

Ein Fußgänger legt in 15 Minuten rund 1,5 km zurück, bei etwas langsamerem Tempo kann man von einem Kilometer pro Viertelstunde ausgehen.

Geschwindigkeiten

Schnecke	0,0008 m/s ≈ 0,003 km/h
Maulwurf (Graben)	0,002 m/s ≈ 0,008 km/h
Maulwurf (Laufen)	1,1 m/s ≈ 4 km/h
Fliege	1,6 m/s ≈ 6 km/h
Reitpferd	1,7 m/s ≈ 6 km/h
Radfahrer	5,5 m/s ≈ 20 km/h
Mofa	7 m/s ≈ 25 km/h

(Quelle: Wikipedia)

Weite Wege B1

Anregungen für Schülerinnen und Schüler

Vielleicht helfen dir die folgenden Fragen:

- Welche Wege mache ich an einem Tag?
- Wie viele Meter, wie viele Kilometer sind das etwa?
- Wie häufig lege ich eine Strecke in der Woche zurück?
- Gibt es einen Unterschied bei den Wochentagen?

B2 So viel Sprache

- Wie viele Sätze sprichst du in einem Jahr?

Aktivitäten
- Fehlende Daten durch Schätzen und Überschlagen ermitteln
- Alltagswissen einsetzen
- Plausible Annahmen treffen

Spezifische Kompetenzen
- Zeiten messen und mit Zeiteinheiten rechnen
- Umrechnen von Zeiteinheiten
- Mit großen Zahlen rechnen

Methodische Anregungen
- Schülerinnen und Schüler können experimentell tätig werden, indem sie eine Unterhaltung analysieren. Stoppuhren und Bücher ermöglichen ein Messen der Sprech- und Lesegeschwindigkeit; steht ein Diktiergerät zur Verfügung, können die Schüler auf dem Schulhof authentische Gespräche aufnehmen und diese (z.B. als Hausaufgabe) analysieren.

Zum Weiterdenken
Das Erweitern der Frage auf einen längeren Zeitraum fordert zur Reflexion über die Entwicklung der eigenen Sprachaktivitäten im Verlauf des bisherigen Lebens an.
Die Aufgabe wird weiter differenziert (Buchstaben, Bücher, andere Sprachen...).
Die Darstellung der gesprochenen Sätze als eine „Wortschlange“, als „Buchstabenturm“ oder als ein Buch regen die Veranschaulichung an.

Dazu passende Aufgaben
A5 Matheaufgaben
G3 Schreiben und Lesen
H2 Harry Potter – na und...

Hintergrundinformationen

Bei einem normalen Gespräch werden im Durchschnitt 120 Wörter pro Minute gesprochen.

Sprechgeschwindigkeit – in Wörtern pro Minute (WpM)

- Durchschnittlich sprechen wir 2 bis 3 Wörter pro Sekunde
- sehr langsame Sprecher kommen auf weniger als 50 WpM
- als langsam werden 50 bis 90 WpM angesehen und
- unsere normale Sprechgeschwindigkeit beträgt mehr als 90 WpM
- sehr schnelle Sprecher kommen auf 300 bis 400 WpM (alle Angaben ohne Pausen),

Das Verständnis für den Sinn des Satzes setzt aus...

- mit dem 8. Wort pro Satz bei siebenjährigen Kindern
- mit dem 11. bei 1/3 der Erwachsenen und
- mit dem 14. bei der Hälfte der Erwachsenen

Quelle: http://www.musikmagieundmedizin.com/standard_seiten/neurosemantik.html

So viel Sprache — B2

Anregungen für Schülerinnen und Schüler

Vielleicht helfen dir die folgenden Fragen:

- Wie lange dauert es, bis du 5, 10, ... Sätze gesprochen hast?
- Wie viele Sätze sprichst du in 1 Minute/10 Minuten/einer Stunde/...?
- Gibt es Tage oder Zeiten, an denen du viel/wenig sprichst?
- Sprichst du immer gleich viel?

B3 Hmmm, wie lecker

- Wie viel Kilogramm isst du im Jahr?

Aktivitäten
- Fehlende Daten durch Schätzen und Überschlagen ermitteln
- Alltagswissen einsetzen
- Plausible Annahmen treffen

Spezifische Kompetenzen
- Die Menge der eigenen Mahlzeiten einschätzen und mit Gewichtseinheiten rechnen
- Umrechnen von Gewichtseinheiten

Methodische Anregungen
- Hinweis: Das Thema Essen/Ernährung kann für einige Schülerinnen und Schüler problematisch sein. Bei einem guten, von Akzeptanz geprägten Klassenklima sollte die Aufgabe aber keine Schwierigkeiten bereiten. Sie können die Frage abwandeln bzw. auf eine andere Person beziehen (z.B. Wie viel Kilogramm isst ein Erwachsener/euer Mathelehrer/eine bekannte Persönlichkeit im Jahr?).
- Grundvorstellungen zu Gewichten sind hilfreich (Wie viel wiegt ein Joghurt?). Die Schülerinnen und Schüler können experimentell tätig werden, indem sie die eigenen Mahlzeiten zu Hause wiegen und die Volumina der Getränkemengen messen. Interessant ist zudem die Analyse dessen, was „so nebenbei" gegessen oder genascht wird.

Zum Weiterdenken
Hier bieten sich einige Varianten an: Reflektion über die Entwicklung des eigenen Nahrungsbedarfs im Verlauf des bisherigen Lebens, Ermittlung des durchschnittlichen Nahrungsbedarfs (z.B. pro Tag), Vergleich der aufgenommenen Nahrungsmenge mit anderen Gewichts- oder Volumeneinheiten und die Abschätzung der Nahrungs- und Getränkeaufnahme des Menschen nach oben und unten.
Weitere Variationen der Aufgabe: Wie viel Liter trinkst du im Jahr? Wie viel Zeit verbringst du mit dem Essen?

Dazu passende Aufgaben
F7 Frische Brötchen
E5 Von der Knolle zur Fritte
H12 Marmeladenbrote

Hintergrundinformationen

	Empfohlene Kalorienmenge pro Tag	
Alter	Jungen	Mädchen
1-4 Jahre	1100 kcal	1000 kcal
4-7 Jahre	1500 kcal	1400 kcal
7-10 Jahre	1900 kcal	1700 kcal
10-13 Jahre	2300 kcal	2000 kcal

Ein gesunder Erwachsener sollte durchschnittlich zwei bis drei Liter Flüssigkeit pro Tag aufnehmen. Das sind ungefähr 35 Milliliter pro Kilogramm Körpergewicht. Säuglinge und Kinder haben einen noch höheren Bedarf. Rund 300 Milliliter kann der Körper bei seinen Stoffwechselvorgängen an einem Tag selbst herstellen. Den Rest muss er über Getränke und feste Nahrung bekommen.

Hmmm, wie lecker — B3

Anregungen für Schülerinnen und Schüler

Vielleicht helfen dir die folgenden Fragen:

- Kannst du verschiedene Mahlzeiten vergleichen?
- Wie lange dauert es, bis du 5 kg gegessen hast?
- Wie oft isst du am Tag/in der Woche/...?
- Wie oft isst du etwas nebenbei?

B4 Händedruck

- Wie oft hast du in deinem Leben anderen schon die Hand gegeben?

Aktivitäten

- Fehlende Daten durch Schätzen und Überschlagen ermitteln
- Plausible Annahmen treffen
- Schätzen der Häufigkeit der Handschläge im Verlauf des bisherigen Lebens

Methodische Anregungen

- Die Aufgabe eignet sich, um das Schätzen und Überschlagen zu thematisieren. Man kann mit kleinen Zeiträumen beginnen (Wie oft gibst du jemandem an einem Tag die Hand? Wie oft in einer Woche?) und diese dann steigern. Die Frage nach dem Händedruck ist eine motivierende Einstiegsfrage in die Arbeit mit Fermi-Aufgaben.
- Wenn man den Vergleich unterschiedlicher Begrüßungsrituale thematisiert, sollte man auch auf unterschiedliche kulturelle Zusammenhänge eingehen. Nicht in jedem Land ist es höflich, dem Gegenüber die Hand zu reichen.

Zum Weiterdenken

Möchte man feststellen, ob man wirklich schon „einen ganzen Tag" mit Händeschültteln verbracht hat, kann man die durchschnittliche Handschlagdauer ermitteln (Stoppuhr). Oder man nimmt eine durchschnittliche Handschlag-Dauer an. Die Frage fordert zum Weiterrechnen mit geschätzten Werten auf. Das Ergebnis kann auch noch einmal hinterfragt werden: Wie verändert sich die Schätzung, wenn man von doppelt so vielen Handschlägen als vorher angenommen ausgeht?
Jugendliche begrüßen sich untereinander nicht unbedingt mit Händeschütteln. Das Sammeln und Vergleichen verschiedener Begrüßungsrituale aus ihrer alltäglichen Erfahrung kann zu einem kleinen Forschungsprojekt werden, bei dem Daten gesammelt und passend dargestellt werden. Interessant ist auch der Vergleich verschiedener Kulturen. Wie sehen hier Begrüßungsrituale aus?

Dazu passende Aufgaben

B7 Jacke wie Hose
B8 Herzschlag
E2 Tastendruck
E4 SMS mal wieder
F3 Die Post ist da
F4 Auto kaputt...

Hintergrundinformationen

Begrüßungsrituale in anderen Ländern	
Händeklatschen	Loango (Afrika, Kongo)
Kleider hergeben	Assyrer
Sich gegenseitig die Wangen beriechen und sich mit den Nasen berühren und reiben	Mongolen, Malayen, Birmanen, Lappen
Mit den Fingern schnalzen	Dahomen (Afrika)
Handkuss	Mitteleuropa, Lateinamerika
Hände falten	Indien, Südostasien
Verbeugung	China
Umarmung	Lateinamerika und andere
Umarmen und Küsschen auf die Wange	Frankreich u.a.
Leichte Kopfbewegung (Zunicken)	England
Über das eigene Gesicht mit den Händen des anderen Streichen	Polynesier

Nach: Argyle, Michael: Körpersprache und Kommunikation. Paderborn, Junfermann 1979.

Händedruck B4

Anregungen für Schülerinnen und Schüler

Vielleicht helfen dir die folgenden Fragen:
- Wie oft gibst du am Tag anderen die Hand?
- Begrüßen dich andere Menschen mit Händeschütteln?
- Gibst du beim Sport anderen die Hand?
- Seit wann geben dir andere Menschen die Hand?

B5 Deine Haut

- Wie groß ist die Oberfläche deiner Haut?

Aktivitäten

- Fehlende Daten durch Messen und Überschlagen ermitteln
- Symmetrie nutzen

Spezifische Kompetenzen

- Den Körper mit Hilfsmitteln (z.B. Papierblättern) ausmessen
- Flächeninhalte messen und mit Flächeninhalten rechnen
- Umrechnungen von Flächeninhalten durchführen

Methodische Anregungen

- Wie bei allen Aufgaben, die sich mit dem eigenen Körper beschäftigen, sollte man sensibel für die Verhältnisse in der Klasse sein.
- Ein paar DIN A4 Blätter können als Vergleichsgröße genutzt werden. Die Lehrkraft kann Zollstöcke und/oder Maßbänder bereit halten. Eine Rolle Paketpapier oder Tapetenpapier kann dazu anregen, einen Körperumriss zu zeichnen und zu vermessen.
- Die Schülerinnen und Schüler können einen „Freiwilligen" mit Hilfsmitteln (zum Beispiel mit DIN-A4 Blättern) einkleiden. Ältere Schülerinnen und Schüler (meist ab der 7. Klasse) haben untereinander "Berührungsängste". Alternativ kann auch der Lehrer/die Lehrerin abgemessen werden.

Zum Weiterdenken

- Analyse anderer Oberflächen (z.B. von Tieren), Unterschiede zwischen Menschen benennen
- Abschätzung der Oberflächen nach oben und unten
- Veranschaulichen der Oberfläche durch Schaubilder oder Vergleiche

Dazu passende Aufgaben

C5 Flusspferd
E1 Strickpullover
B6 Wie viele Haare

Hintergrundinformationen

Die Körperoberfläche eines Menschen beträgt etwa 1,7 m^2.
Bei Männern liegt der Durchschnitt bei 1,9 m^2, bei Frauen bei 1,6 m^2 und bei 10jährigen Kindern bei 1,14 m^2.

Beispiel für eine Schülerlösung

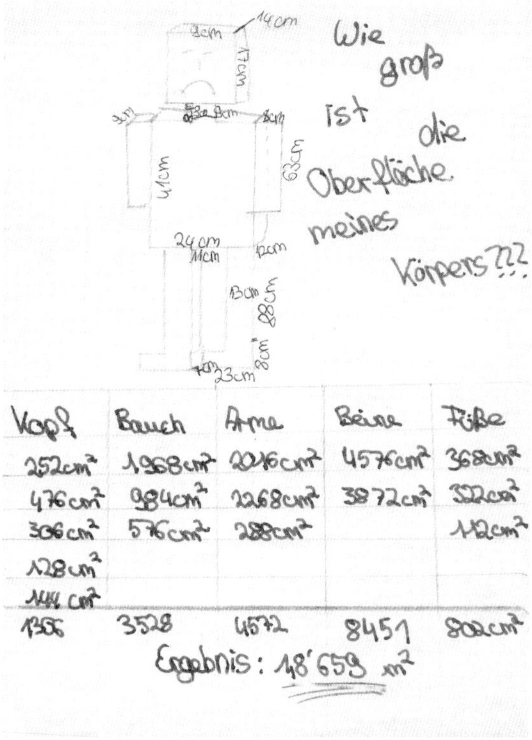

Fragen zur Schülerlösung:
Würdest du deinen Körper anders modellieren?
Wie genau ist eigentlich das Ergebnis in dieser Lösung?

Deine Haut B5

Anregungen für Schülerinnen und Schüler

Vielleicht helfen dir die folgenden Fragen:

- Wie viele DIN A4 Blätter passen auf deinen Arm?
- Wie groß ist die Oberfläche deiner einzelnen Körperteile?
- Ist die Oberfläche mancher Körperteile vergleichbar?
- Mit welchen geometrischen Körpern sind deine Körperteile vergleichbar?

B6 Wie viele Haare...

- Wie viele Haare wachsen auf deinem Kopf?

Aktivitäten
- Anzahlen durch Schätzen, Messen und Überschlagen ermitteln

Spezifische Kompetenzen
- Mit Flächeninhalten rechnen
- Umrechnungen von Flächeninhalten
- Rechnen mit großen Zahlen

Methodische Anregungen
- Schülerinnen und Schüler können die behaarte Kopfhaut mit Hilfsmitteln (DIN A4 Blätter, Papierstreifen) auslegen, wenn Papier und Schere bereitstehen.
- Die Aufgabe legt eine typische Strategie nahe: Die Haare auf 1 cm^2 werden abgezählt und dann wird hochgerechnet.
- Ältere Schüler (meist ab Klasse 7) können untereinander Berührungsängste haben.

Zum Weiterdenken
Die Haarmenge kann mit anderen Größen (Eimer, Rasen eines Fußballfeldes) veranschaulicht oder verglichen werden. Hast du mehr Haare auf dem Kopf als Menschen in Deutschland leben (ca. 82 Millionen) oder gar als Menschen auf der ganzen Welt (ca. 6,6 Milliarden)? Über die Frage, wie schnell die Haare wachsen, kann man den Bogen zum linearen Zusammenhang schlagen.

Dazu passende Aufgaben
E7 Rasieren
B5 Deine Haut
C5 Flusspferd
E1 Strickpullover

Hintergrundinformationen
Die Anzahl der Haare korreliert mit der Haarfarbe:
Blond: ca. 150.000
Brünett: ca. 110.000
Schwarz: ca. 100.000
Rot: ca. 90.000 Haare
Haare wachsen im Schnitt etwa 0,2 mm pro Tag.

Beispiel für eine Schülerlösung

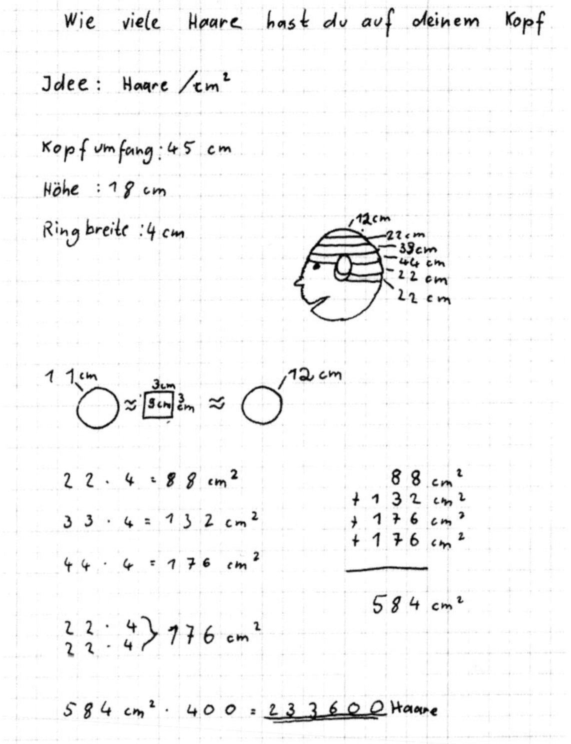

Wie viele Haare hast du auf deinem Kopf

Idee: Haare /cm²

Kopfumfang: 45 cm

Höhe: 18 cm

Ringbreite: 4 cm

1 1cm ≈ 3cm 3cm ≈ 12 cm

$22 \cdot 4 = 88\ cm^2$

$33 \cdot 4 = 132\ cm^2$

$44 \cdot 4 = 176\ cm^2$

$\left.\begin{array}{l} 22 \cdot 4 \\ 22 \cdot 4 \end{array}\right\} 176\ cm^2$

$$\begin{array}{r} 88\ cm^2 \\ +\ 132\ cm^2 \\ +\ 176\ cm^2 \\ +\ 176\ cm^2 \\ \hline 584\ cm^2 \end{array}$$

$584\ cm^2 \cdot 400 =$ <u>233600</u> Haare

Wie viele Haare ... B6

Anregungen für Schülerinnen und Schüler

Vielleicht helfen dir die folgenden Fragen:

- Wie viele Haare wachsen auf 1 cm² oder 1 mm² Kopfhaut?
- Wie viele Haare fasst du mit einem Griff?
  Wie viele cm² deckt solch ein Griff ab?
- Wie viele DIN A4-Blätter passen auf deinen Kopf?

B7. Jacke wie Hose

- Wie viele Kleidungsstücke hast du in deinem Leben schon getragen?

Aktivitäten
- Fehlende Daten annehmen und durch Überschlagen ermitteln
- Plausible Annahmen treffen

Spezifische Kompetenzen
- Schätzen des Bedarfs an Kleidung im Verlauf des bisherigen Lebens
- Mit Flächen- / Volumeninhalten rechnen

Methodische Anregungen
- Die Frage lässt offen, ob die Kleidungsstücke verschieden sein müssen. Diese Entscheidung sollte man die Schüler selber treffen lassen, so kann man auch sehr unterschiedliche Ergebnisse vergleichen. Stimmt der Faktor, durch den sich die Ergebnisse unterscheiden, mit einer durchschnittlichen Benutzungshäufigkeit von Kleidungsstücken überein?
- Ein erster Schritt zur Lösung ist die Ermittlung einer durchschnittlichen getragenen Kleideranzahl in einem kleineren Zeitabschnitt (pro Tag oder Woche).

Zum Weiterdenken
Die Wäschemenge kann unterschiedlich veranschaulicht werden (Länge der passenden Wäscheleine, Quadratmeter Stoff, Kosten...). Geeignete Vergleiche von Flächen- und Volumeninhalten werden angeregt.

Dazu passende Aufgaben
B4 Händedruck
F2 Au Backe!
F3 Die Post ist da!
F4 Auto kaputt ...
F7 Frische Brötchen

Beispiel für eine Schülerlösung

Bis zu dem Alter von 2 Jahren habe ich wohl jeden Monat etwa 5 Kleidungsstücke benötigt. Das waren also insgesamt 120 Kleidungsstücke.
Seit dem Alter von ca. 2 Jahren trage ich im Hochsommer eher wenig (Unterhose, kurze Hose, T-Shirt, Badehose) und abends zusätzliche Kleidungsstücke wie einen Schlafanzug, das heißt ungefähr 6 Kleidungsstücke.
Im Winter trage ich Unterwäsche (2 Socken, Unterhose und Unterhemd), lange Hose, Pullover, Jacke, Handschuhe, Mütze und einen Schal, d.h. ungefähr 12 Kleidungsstücke.
Würde ich jeden Tag etwas Neues anziehen, so käme ich ungefähr eine Woche mit meiner Kleidung aus. Da ich im Sommer-/Winterdurchschnitt 9 also ca. 10 Kleidungsstücke pro Tag trage, benötige ich pro Jahr ca. $7 \cdot 10 = 70$ Kleidungsstücke.
Für die Sportbekleidung (Fußball) nehme ich 2 Stutzen, Sporthose, Trikot und einen Trainingsanzug an. Im Winter benötige ich lange Unterwäsche, 2 paar Skisocken, Skihose und Jacke, 2 Handschuhe und eine Mütze. Das sind für den Sport 15 Kleidungsstücke, die ich alle ca. 2 Jahre benötige.
Ich bin 13 Jahre alt und ich habe damit schon $120 + 11 \cdot 70 + 11 \cdot 1/2 \cdot 15 = 972{,}5$ also ca. 1000 Kleidungsstücke getragen.

Jacke wie Hose — B7

Anregungen für Schülerinnen und Schüler

Vielleicht helfen dir die folgenden Fragen:

- Wie viele Kleidungsstücke hast du am Tag an?
- Kann man verschiedene Tage miteinander vergleichen?
- Gibt es zwischen manchen Tagen einen Unterschied?
- Gibt es einen Unterschied zu früher und heute?

B8 Herzklopfen

- Wie oft ...
  - ... schlägt dein Herz in einem Jahr?
  - ... blinzelst du in einem Jahr?
  - ... schluckst du in einem Jahr?
  - ... atmest du in einem Jahr ?
  - ... niest du in einem Jahr?

Aktivitäten

- Fehlende Daten experimentell und durch Überschlagen ermitteln
- Häufigkeiten zählen und Zeiten messen
- Ermittlung einer durchschnittlichen Frequenz einer Körperfunktion

Spezifische Kompetenzen

- Umrechnen von Zeiteinheiten
- (Schriftliche) Addition und Multiplikation

Methodische Anregungen

- Die Frage eignet sich gut, um das Schätzen und Überschlagen zu thematisieren. Die einzelnen Teilfragen werden mit der gleichen Strategie bearbeitet: Ausgehend von einer kurzen Zeitspanne kann man auf ein Jahr (oder die Lebenszeit) hochrechnen.
- Die Lehrkraft kann Stoppuhren bereithalten. Schülerinnen und Schüler beobachten sich selbst und gegenseitig, messen ihre Herzschläge (in Ruhephasen/nach einer Belastungsphase). Als Hausaufgabe kann auch bei Erwachsenen oder jüngeren Kindern gemessen werden.

Zum Weiterdenken

Die vom Herzen gepumpte Blutmenge, die vom Augenlid überstrichene Fläche oder die Menge an Spucke, Luft oder verbrauchten Taschentüchern kann veranschaulicht werden. Eine Erhebung der Pulsfrequenz über den Tagesablauf kann dargestellt werden.

Dazu passende Aufgaben

B2 So viel Sprache
B4 Händedruck
E2 Tastendruck
E4 SMS mal wieder

Hintergrundinformationen

Herzschlagfrequenz

Die Herzschlagfrequenz beim Menschen ist abhängig von der Belastung und vom Alter. Ein Neugeborenes hat in Ruhe eine Herzschlagfrequenz von ca. 120 Schlägen pro Minute, während ein 70-jähriger eine Frequenz um die 60 Schläge pro Minute aufweist. Die Herzschlagfrequenz beträgt bei einem gesunden Menschen in Ruhe 40 bis 70 Schläge pro Minute. Unter Belastung steigt sie über 180 Schläge pro Minute. Mit jedem Herzschlag werden 80 ml Blut befördert.

Lidschlagfrequenz

Bei einem normalen Menschen im entspannten Zustand etwa 15 Mal in der Minute. Bei der Arbeit an einem Computermonitor blinzelt man aber nur ca. 8 Mal pro Minute.

Schluckfrequenz

- im Wachzustand: 0,61/Minute
- im Schlaf: 0,08/Minute

Atemfrequenz

- Neugeborenes, Säugling (0 bis12 Monate): ca. 30 Atemhübe pro Minute
- Kind (ab 1 Jahr bis 8. Lebensjahr): ca. 20 Atemhübe pro Minute
- Jugendlicher: 12 bis 15 Atemhübe pro Minute
- Erwachsene: 12 bis 15 Atemhübe pro Minute Kind

Quelle: http://de.wikipedia.org/wiki/Atemfrequenz

Herzklopfen B8

Anregungen für Schülerinnen und Schüler

Vielleicht helfen dir die folgenden Fragen:

- Hast du schon einmal deinen Puls gemessen?
- Gibt es einen Unterschied bei Tag und Nacht?
- Gibt es einen Unterschied, wenn du Sport treibst, etwas isst, Fernsehen schaust?

B9. Puppentheater

- Stell dir vor, die Füße auf dem Bild wären so groß wie deine. Wie groß müsste dann die vollständige Figur sein, der diese Hand gehört?

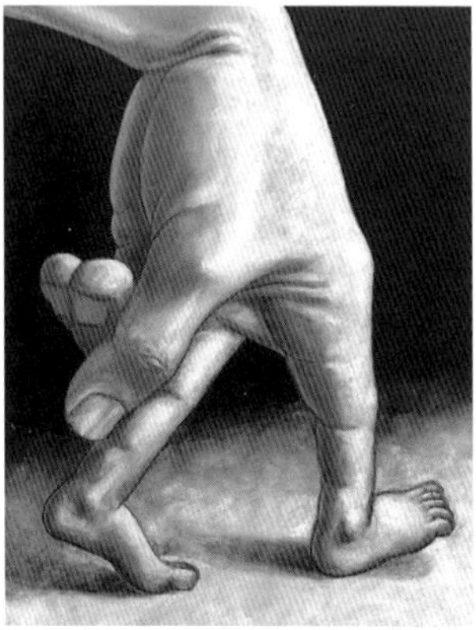

© Robert Voss, www.illuster.com

Aktivitäten

- Fehlende Daten messen und durch Überschlagen ermitteln
- Daten aus der Abbildung entnehmen

Spezifische Kompetenzen

- Mit Längeneinheiten rechnen
- Umrechnung von Längeneinheiten durchführen
- Mit Proportionalität rechnen

Methodische Anregungen

- Die Frage kann von Schülerinnen und Schülern auf verschiedene Weisen (miss-)verstanden werden. Es kann daher sinnvoll sein, die Frage am Anfang der Stunde gemeinsam mit der Klasse zu besprechen, bevor mit der individuellen Bearbeitung begonnen wird.

Zum Weiterdenken

Es bieten sich aufbauend folgende Tätigkeiten an: Vergleich der eigenen Bewegungsgeschwindigkeit mit der des „Riesen“, Abschätzen des Weges zur Schule, Erörtern von Vor- und Nachteilen von kleinen gegenüber großen Menschen im täglichen Leben, Umrechnung von errechneten Längen in Schuhgrößen.

Dazu passende Aufgaben

B10 Riesenmund
B11 Schuhgröße
B12 Der Kopf des Kanzlers Adenauer
H1 Starke Frauen
H3 Hermannsdenkmal
H6 Nagellack für den Riesenfuß

Hintergrundinformationen

In Europa herrschen zwei Systeme zur Berechnung der Schuhgröße vor:

- Das französische System, bei dem eine Schuhgröße 2/3 cm (ca. 0,6667 cm) entspricht (Pariser oder französische Stiche)
- das deutsche System, bei dem eine Schuhgröße 1/4 Zoll (0,635 cm) entspricht.

Beispiel: 28 cm Fußlänge ist nach deutschem Maß Schuhgröße 44, nach französischem Maß jedoch nur Schuhgröße 42.

Schuhgröße 40 sind 40 x 1/4 Zoll = 10 Zoll, was 25,4 cm entspricht. Bei Damenschuhen weichen die Schuhgrößen-Angaben oberhalb der Schuhgröße 38 jedoch oft stark nach unten ab, um optisch einen kleineren Fuß zu erzeugen.

Die durchschnittliche Schuhgröße ist bei Männern 44, bei Frauen 37, wobei die Durchschnittsgröße selten auftaucht. Öfter taucht beispielsweise bei Männern entweder Schuhgröße 42 oder 45/46 auf, die Größen 43 und 44 sind etwas seltener.

Quelle: http://de.wikipedia.org/wiki/Schuhgr%C3%B6%C3%9Fe

Puppentheater B9

Anregungen für Schülerinnen und Schüler

Vielleicht helfen dir die folgenden Fragen:

- Wie viel mal länger ist die Hand als der Fuß auf dem Foto?
- Wie groß wäre die Hand in Wirklichkeit?
- Wie viel mal „größer“ ist der Körper als der Fuß oder die Hand?
- Wie groß ist ein durchschnittlicher Männer-/Frauenfuß?

B10. Der Mund

- Wie groß wäre wohl eine Person, die solch einen großen Mund hätte?

Aktivitäten
- Fehlende Daten messen oder durch Überschlagen ermitteln
- Daten aus der Abbildung entnehmen

Spezifische Kompetenzen
- Mit Längeneinheiten rechnen
- Umrechnung von Längeneinheiten durchführen
- Mit Proportionalität rechnen

Methodische Anregungen
- Ausmessen des eigenen Mundes
- Vergleich der Relationen Mund – Kopf, Kopf – Körper bei Kindern und Erwachsenen

Für die weiterführende Aufgabe:
- Die Lehrkraft kann Mützen, Waagen und Wollknäuel bereithalten.
- Es kann hilfreich sein, die mitgebrachten Wollknäuel, Mützen, Pullover etc. abzuwiegen. Über die Gewichtsverhältnisse kann ermittelt werden, welchen Bedarf an Wolle man für die einzelnen Kleidungsstücke veranschlagen kann.

Zum Weiterdenken
Es bieten sich weitere Rechnungen mit Flächen- und Gewichtseinheiten an. Zum Beispiel kann man die Größe entsprechend großer Gegenstände abschätzen: Lippenstift, Zahnbürste, Pudelmütze…

Dazu passende Aufgaben
B9 Puppentheater
B11 Schuhgröße
B12 Der Kopf des Kanzlers Adenauer
H1 Starke Frauen
H3 Hermannsdenkmal
H6 Nagellack für den Riesenfuß

Hintergrundinformationen
Die Riesenskulptur wäre ungefähr 30 bis 40 Meter groß. Sie hätte die 20-fache Größe eines normalen Menschen. Die New Yorker Freiheitsstatue ist etwa so groß. Die Statue hat eine Höhe von 46 m ohne Sockel (mit Sockel sind es 102 m).

Der Mund

B10

Anregungen für Schülerinnen und Schüler

Vielleicht helfen dir die folgenden Fragen:

- Wie groß ist der abgebildete Mund?
- Wie viel mal größer ist der Mund auf dem Foto im Vergleich zu deinem Mund?
- Wie viel mal größer als der Mund ist der Körper?

B11. Schuhgröße

- Wie groß wäre wohl die Person, der dieser Schuh passen würde?

Aktivitäten
- Fehlende Daten durch Messen und durch Überschlagen ermitteln
- Daten aus der Abbildung entnehmen

Spezifische Kompetenzen
- Mit Längeneinheiten rechnen
- Mit Proportionalität rechnen

Methodische Anregungen
- Die Lehrkraft kann Zollstöcke und / oder Maßbänder bereithalten
- Die Schüler können zur Vorbereitung daheim verschiedene Schuhgrößen und Körperlängen miteinander vergleichen.
- Für die weiterführende Arbeit können verschieden große Schuhe mitgebracht werden. Die Oberfläche der Schuhe kann durch Auslegen mit verschiedenen Papierformen geschehen.
- In höheren Klassen kann sich ein Forschungsauftrag zum Zusammenhang zwischen Körpergröße und Schuhgröße anschließen. Wie groß ist die Güte (Korrelationszahl) des festgestellten Zusammenhangs? Wie lautet die Gleichung der Geraden? (Formel für Schuhgröße)

Zum Weiterdenken
Die Frage nach der Schuhgröße taucht oft auf und regt das Umrechnen von Größen an. Weitere Möglichkeiten sind: Geschwindigkeiten berechnen („Siebenmeilenstiefel"), Oberfläche berechnen (Schuhe putzen).

Dazu passende Aufgaben
B9 Puppentheater
B10 Riesenmund
B12 Der Kopf des Kanzlers Adenauer
H1 Starke Frauen
H3 Hermannsdenkmal
H6 Nagellack für den Riesenfuß

Hintergrundinformationen
Vergleiche Aufgabe B9, G6.

Schuhgröße

B11

Anregungen für Schülerinnen und Schüler

Vielleicht helfen dir die folgenden Fragen:

- Wie viel mal breiter ist der Schuh als der Schuster / als der Arm des Schusters?
- Wie groß ist ein durchschnittlicher Herrenfuß?
- Wie groß ist der Schuh in Wirklichkeit?
- Wie viel mal größer als der Fuß ist der Körper?

B12. Der Kopf von Kanzler Adenauer

- Wie groß müsste wohl ein entsprechendes Denkmal sein, wenn es Adenauer „von Kopf bis Fuß“ in demselben Maßstab darstellen soll?

Aktivitäten

- Fehlende Daten messen und durch Überschlagen ermitteln

Spezifische Kompetenzen

- mit Längeneinheiten rechnen
- Umrechnung von Längeneinheiten durchführen
- mit Proportionalität rechnen

Methodische Anregungen

- Die Lehrkraft kann Zollstöcke und/oder Maßbänder bereithalten.
- Die Schülerinnen und Schüler können für die weiterführenden Fragen verschiedene Kleidungsstücke die Konfektionsgrößen mit der „Kleidungsstückgröße“ vergleichen (bei sich, bei ihren Eltern...) – auch in amerikanischer Schreibweise (S – M – L – X – XL). Was wäre die Größe von Adenauers Statue?

Zum Weiterdenken

Es bietet sich an: Längen- und Flächeneinheiten schätzen oder abmessen, Umrechnung von Längen- und Flächeneinheiten durchführen, die Körperoberfläche abschätzen Konfektionsgrößen berechnen.

Dazu passende Aufgaben

B9 Puppentheater
B10 Riesenmund
B11 Schuhgröße
H1 Starke Frauen
H6 Nagellack für den Riesenfuß

Hintergrundinformationen

Die 1,85 m hohe Statue ist aus Bronze. Bronzen sind Legierungen aus Kupfer mit anderen Metallen. Die Dichte von Bronze, genauer CuSn15 (85% Kupfer, 15% Zinn), beträgt 8,7g/cm³.

Für die Berechnung der Konfektionsgröße des übergroßen Kanzlers kann die folgende Tabelle hilfreich sein:

Konfektionsgrößen Herren in Bezug zu den Körpermaßen										
Normale Größe	44	46	48	50	52	54	56	58	60	62
International	S		M		L		XL		XXL	
Körperhöhe (cm)	166 – 170	168 – 173	171 – 176	174 – 179	177 – 182	180 – 184	182 – 186	184 – 188	185 – 189	187 – 191

Quele: http://de.wikipedia.org/wiki/Konfektionsgr%C3%B6%C3%9Fe

Der Kopf von Kanzler Adenauer B12

Anregungen für Schülerinnen und Schüler

Vielleicht helfen dir die folgenden Fragen

- Wie groß sind die Kinder?
- Wie groß ist der Statuenkopf von Adenauer in Wirklichkeit?
- Wie viel mal größer als ein „normaler Kopf“ ist der Kopf?
- Wie viel mal größer als ein Kopf ist der Körper?

C1 Weihnachtsbaum

- Wie viele Nadeln hat ein Weihnachtsbaum?

Aktivitäten
- Anzahlen durch Schätzen und Überschlagen ermitteln
- plausible Annahmen machen
- Alltagswissen einsetzen
- Daten aus Abbildungen entnehmen

Methodische Anregungen
- Tannenzweige mit in die Klasse bringen
- Wird die Aufgabe über mehrere Tage bearbeitet, können Bäume in der Umgebung erkundet und Daten gewonnen werden (Tannenzweige messen; Nadeln zählen)
- Recherchieren, welche Weihnachtsbaumtypen es gibt,...

Mögliche Lösung
Der Baum hat 5 Reihen („Kränze") von Ästen.
An jedem Kranz sind etwa 5 Äste.
An jedem Ast sind etwa 20 Astabschnitte und Unteräste
Jeder Astabschnitt oder Unterast trägt ca. 100 Nadeln.
Insgesamt sind es also etwa: $5 \cdot 5 \cdot 20 \cdot 100 = 50000$ Nadeln
Das Ergebnis kann je nach Annahmen stark variieren!
Dies können Sie auch mit Ihren Schülerinnen und Schülern einmal durchspielen:
- Was kommt heraus, wenn man die obigen Zahlen plausibel aber klein wählt?
- Was kommt heraus, wenn man die obigen Zahlen plausibel aber groß wählt?

Eine Lösung aus dem Internet
WIE VIELE NADELN HAT EIN CHRISTBAUM?
Wenn man ihn am Ende der Weihnachtszeit aus dem Haus geschafft hat, glaubt man es seien unendlich viele ;–) . Ein kluger Kopf hat es aber einmal genau ermittelt: Er hat die ganzen Nadeln seines Tannenbaums gewogen und das ermittelte Gewicht dann durch das Gewicht einer einzigen Tannennadel geteilt. Heraus kamen genau 479988 Stück!
- *Was haltet ihr von dieser Lösung?*

Zum Weiterdenken
Weitere Fragen vertiefen die Grundvorstellungen zu Flächen.

Dazu passende Aufgaben
C3 Ameisengewimmel
H8 Weihnachtsbaum-Lichter

Hintergrundinformationen

Feuerwehr Dinslaken mahnt zur Vorsicht

Bei Günther Jauch wäre es vielleicht die Millionen-Frage: Wie viele Nadeln hat ein durchschnittlicher Weihnachtsbaum? Karl-Heinz Grins von der Dinslakener Feuerwehr weiß es: „An einer 2,20m hohen Fichte befinden sich rund 400000 Nadeln." Und die sind in seinen Augen eine so genannte „Brandlast". Wenn's mal funkt, brennen nicht Stamm und Zweige, sondern die Nadeln – und zwar ganz schnell. Weihnachtsbäume, die Ende November geschlagen werden, dörren aus. „So ein Tannenbaum wird beim Brand durch den Dampfdruck wie bei einer Explosion auseinander gerissen", beschreibt der Brandexperte. Wenn Lametta am Baum hängt, brennt's besonders gut. Die Feuerwehr rät bei Verwendung echter Kerzen zu besonderer Vorsicht. Brennende Lichter sollten nie unbeaufsichtigt bleiben. Auch elektrische Kerzen können durch Hitze Gardinen oder Dekorationen entflammen. Wunderkerzen haben am Weihnachtsbaum grundsätzlich nichts verloren.

Quelle: http://www.dinportal.de/modules.php?name=News&file=print&sid=2667

Höchster Weihnachtsbaum

Natürliche Weihnachtsbäume

Die größte als Weihnachtsbaum geschmückte Nadelbaum war eine 1950 in Seattle aufgestellte Douglasie von 67,4m Höhe. Im Jahr 2003 stand der mit 38Metern höchste natürlich gewachsene Weihnachtsbaum Deutschlands im Freilichtmuseum bei Kommern in der Eifel.

Künstliche Weihnachtsbäume

Auf dem Weihnachtsmarkt in Dortmund wird jedes Jahr ein 45m hoher künstlicher Baum aufgebaut. An einem konisch zulaufenden Stahlgestell werden einzelne Tannenbäume befestigt. Im italienischen Gubbio wird am Hang des Monte Ingono jährlich ein 800m hoher und 400m breiter Weihnachtsbaum aus 450 farbigen Lichtern gebildet.

Quelle: http://de.wikipedia.org/wiki/Weihnachtsbaum

Weihnachtsbaum C1

Anregungen für Schülerinnen und Schüler

Vielleicht helfen dir die folgenden Fragen:

- Wie groß ist der Baum?
- Wie sieht ein Ast am Baum aus?
- Wie lang sind alle Äste und Unteräste zusammen?
- Wie stehen die Nadeln an einem Ast?

C2 Kleine Tiere, große Tiere

- Wie viele Mäuse sind zusammen so schwer wie ein Elefant?
  oder anders gefragt: Wie viele Mäuse passen in einen Elefanten?

Aktivitäten
- plausible Annahmen machen
- Alltagswissen einsetzen (Länge deiner Maus: ca. 5 – 10 cm, 1 Liter Maus wiegt 1 kg)
- Längen aus Abbildungen entnehmen
- vereinfachte Modelle auswählen (z. B. Maus/Elefant als Quader)

Spezifische Kompetenzen
- Umrechnungen von cm^3 in Liter
- Veränderung des Volumens mit der dritten Potenz der Länge

Methodische Anregungen
- Mit einer Spielzeugmaus kann man das Volumen in einem Überlaufversuch feststellen (Material bereitstellen).
- Wer eine Maus besitzt, kann vorab deren Gewicht messen und das Ergebnis den Mitschülerinnen und Mitschülern vorstellen.

Möglicher Lösungsweg
Dieser sehr kurze Lösungsweg berechnet keine Gewichte in der Zwischenlösung.
Mögliche plausible Annahmen für die Größe der Tiere:
- Länge einer Maus: ca. 5 cm
- Länge eines Elefanten: ca. 5 m

Zwischenlösung:
100 Mäuse hintereinander = 1 Elefant
50 Mäuse übereinander = 1 Elefant
! *(Unter dem Elefantenkörper ist hauptsächlich Luft und ein wenig Bein.)*
50 Mäuse nebeneinander = 1 Elefant
! *(Mäuse sind „relativ“ breiter als Elefanten.)*
Ergebnis: Damit passen etwa $100 \cdot 50 \cdot 50 = 250000$ Mäuse in einen Elefanten.
Erfahrungsgemäß macht ein Großteil der Schüler die beiden mit ***!*** gekennzeichneten Annahmen zunächst nicht und kommt eher auf ein Verhältnis von 1 000 000 : 1. Wenn keine Schülergruppe genauer modelliert hat, führt der Vergleich mit den realen Werten dazu, die gemachten Annahmen noch einmal auf den Prüfstand zu stellen.

Dazu passende Aufgaben
C5 Flusspferd
A8 Masse in der Klasse

Zum Weiterdenken

Eigenschaften unterschiedlicher Säugetiere werden recherchiert und verglichen. Fragen nach Gesetzmäßigkeiten „Je ... desto ...?“ lassen verschiedene funktionale Zusammenhänge erkunden. Das Vergleichen von Größen, Größenverhältnissen und funktionalen Abhängigkeiten von Größen in der Zoologie nennt man auch Allometrie.

Hintergrundinformationen

Einige realistische Daten für Maus und Elefant sind:

Hausmaus (mus musculus)	Afrikanische Elefant (Loxodonta africana)
Länge: 6,0 cm – 11,0 cm	Länge (Rüssel bis Schwanz): bis zu 8 m
Höhe: 2 – 2,5 cm	Höhe (Männchen): 3,50 m (Kühe bis 2,5 m)
Gewicht: 12 – 28 g	Gewicht: bis 7000 kg

Damit passen ca. 7 000 000 : 20 = 350 000 Mäuse in einen Elefanten.

Lebenszeit, Herzschläge und Tiergröße

	Gewicht	Puls	Langlebigkeit	Lebenszeit-Herzschläge
Geschöpf	(Gramm)	(/Minute)	(Jahre)	(Milliarden)
Mensch	90000	60	70	2,21
Katze	2000	150	15	1,18
Mittlerer Hund	5000	90	15	0,71
Hamster	60	450	3	0,71
Pferd	1200000	44	40	0,93
Schwein	150000	70	25	0,92
Elefant	5000000	30	70	1,10

Quelle: http://www.applet-magic.com/longevityg.htm

Kleine Tiere, große Tiere C2

Anregungen für Schülerinnen und Schüler

Vielleicht helfen dir die folgenden Fragen:

- Wie groß sind eine Maus und ein Elefant? Vielleicht helfen die Bilder.
- Wie groß ist der Rauminhalt einer Maus und eines Elefanten ungefähr?
- Wie viele Mäuse hintereinander/übereinander sind so groß wie ein Elefant?
- Ein durchschnittlicher Kubikzentimeter Maus wiegt genau so viel wie ein durchschnittlicher Kubikzentimeter Elefant. Alle Säugetiere bestehen hauptsächlich aus Wasser.

C3 Ameisengewimmel

- Wie viele Ameisen bewohnen einen Ameisenhaufen?

Aktivitäten
- Anzahlen durch Schätzen und Überschlagen ermitteln
- plausible Annahmen machen (Größe der Kammern)
- Daten aus Abbildungen entnehmen (Größe einer Ameise)

Spezifische Kompetenzen
- Oberfläche und Volumen abschätzen
- mit großen Zahlen umgehen

Methodische Anregungen
Das Bild der Karte kann noch einmal vergrößert und weitere Bilder von Ameisenhaufen mitgebracht werden (zum Beispiel unter „google" – Bildersuche: Ameisen).

Mögliche Lösungen
Bei dieser Aufgabe ist die Lösungsbreite besonders hoch, da man nur sehr grobe Annahmen machen kann. Das Bild auf der Karte legt schon nahe, dass nicht der ganze Bau hohl ist. Danach ist allerdings noch nicht klar: Ist das Volumen oder die innere Oberfläche des Baues relevant? Je nach Annahme fallen die Ergebnisse sehr unterschiedlich aus. Eine Kammer hat im Schnitt einen Durchmesser von 30cm bis 50cm, bei einer würfelförmig angenäherten Kammer führt das auf:
- eine Oberfläche von ca. 3500cm^2 bis 15000cm^2 pro Kammer
- ein Volumen von ca. 10000cm^3 bis 125000cm^3 pro Kammer

Insgesamt befinden sich ca. 30-100 Kammern im Bau. (Dem Querschnitt ist nicht zu entnehmen, wie viele Kammern unsichtbar bleiben). Damit ergibt sich:
- eine Gesamtoberfläche von ca. 100000 cm^2 bis 1500000cm^2
- ein Volumen von ca. 300000cm^3 bis 12500000cm^3

Vielleicht rechnen einige noch Oberfläche oder Volumen in der Nestkuppel mit.

Eine Ameise kann als Quader mit einer Länge von 5 mm bis 2 cm und einer Breite und Höhe von 2mm bis 5mm angenommen werden.
- Auf eine Oberfläche von 1cm^2 passen dann 1 bis 10 Ameisen.
- In ein Volumen von 1 cm^3 passen dann 2 bis 50 Ameisen.

Das führt auf insgesamt
- 100000 bis 15000000 Ameisen (im Oberflächenmodell)
- 600000 bis 600000000 Ameisen (bei Volumenmodell)

Dabei kann man annehmen, dass die Kammern nur zu einem bestimmten Teil gefüllt sind.

Dazu passende Aufgaben
B6 Wie viele Haare
C1 Weihnachtsbaum

Hintergrundinformationen
Die rote Waldameise besitzt eine Körperlänge zwischen 5-7mm (Arbeiterinnen) und 9-11mm (Königin).

Der Ameisenbau ist teils ober- und unterirdisch angelegt. Er wird bis zu 2 Meter hoch, bei ca. 5 Meter Durchmesser und ist meist an windgeschützten, sonnigen Waldrändern zu finden. An reinen Schattenplätzen würde sich zu leicht Schimmel im Ameisenbau bilden. Die oberen Schichten bestehen aus Nadeln, während im Inneren Erde als Baumaterial vorherrscht. Das Nest dehnt sich in den Boden etwa soweit aus, wie es als Kuppel aufragt. In einem Ameisenhügel leben zwischen 100.000 – 2.000.000 Ameisen.

Quelle: http://www.natur-lexikon.com/Texte/MZ/001/00071-Ameise/MZ00071-Waldameise.html

Der Ameisenstaat
Die Ameisen zählen zu den eusozialen (staatenbildenden) Insekten. Bei Ameisen gibt es Staaten von nur wenigen hundert (Leptothorax) bis über 20 Millionen Tieren. Die größte bekannte Ameisenkolonie wurde von dem Schweizer Biologen Laurent Keller entdeckt. Sie erstreckt sich über eine Länge von 5760 km entlang der Küste der italienischen Riviera bis in den Nordwesten Spaniens und besteht aus mehreren Millionen Nestern mit mehreren Milliarden Individuen. Normalerweise würden sich die Ameisenvölker untereinander attackieren, es sei denn, sie sind so nah miteinander verwandt, dass sie sich gegenseitig erkennen und als ein Volk akzeptieren. In absehbarer Zeit wird allerdings die genetische Verwandtschaft der einzelnen Teilvölker dieser Superkolonie so gering sein, dass sich die Ameisen untereinander nicht mehr erkennen.

Quelle: http://de.wikipedia.org/wiki/Ameisen

Ameisengewimmel C3

Anregungen für Schülerinnen und Schüler

Vielleicht helfen dir die folgenden Fragen:

- Wie groß ist ein Ameisenhaufen ungefähr – verglichen mit einem Menschen?
- Wie viele Ameisen passen auf einen Quadratzentimeter?
- Wie lang und wie groß sind die Gänge im Ameisenhaufen?
- Wie verteilen sich die Ameisen auf der Oberfläche des Ameisenhaufens? Wie im Inneren?

C4 Baumstamm

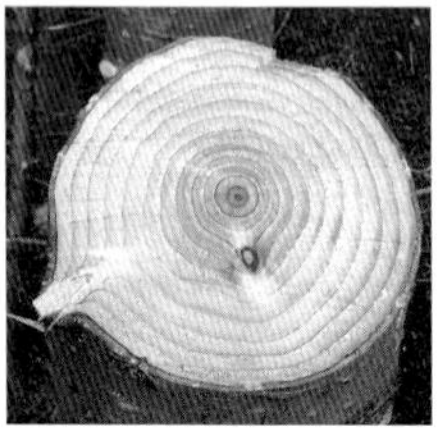

© Friedrich Balck, TU Clausthal

- Diese Fichte hat einen Stammdurchmesser von 10 cm. Wie groß ist der Durchmesser ungefähr, wenn sie 50 Jahre alt ist?

Aktivitäten
- Alltagswissen einsetzen (wie Jahresringe entstehen)
- Daten aus Abbildungen entnehmen

Spezifische Kompetenzen
- mit Maßstab bzw. Längenverhältnissen arbeiten

Methodische Anregungen
- Zur Anschauung kann man eine Baumscheibe mitbringen. Wenn das Umgehen mit Maßstäben eine Schwierigkeit darstellt, kann eine Kopie eines Querschnittes in Originalgröße weiterhelfen.

Zum Weiterdenken
Hier soll der Umfang eines Mammutbaumes aus seinem Durchmesser ermittelt werden (auch wenn noch keine Berechnungsformel bekannt ist). Eine mögliche Schwierigkeit kann darin liegen, dass die Schülerinnen und Schüler nicht zwischen Stammdurchmesser und sichtbarem halbem Stammumfang unterscheiden, d. h. die Kreisform aus der Draufsicht nicht berücksichtigen. Bei der Person auf dem Bild handelt es sich übrigens um eine 1,63 m große erwachsene Frau.

Dazu passende Aufgaben
Passende Aufgaben, bei denen ebenfalls aus Bildern Daten entnommen werden, sind
E1 Strickpullover
D3 Bodensee
H4 Spiegelei

Hintergrundinformationen
Weitere anregende Fragen und Mathematik zum Baumwachstum finden Sie unter:
- http://de.wikipedia.org/wiki/Jahresring
- http://www.geo.de/GEOlino/natur/pflanzen/1264.html
- http://www.drhdl.de/neutroeins.html
- http://www.uni-koblenz.de/~odsbcg/baeume97/bdeklimf.htm
- http://www2.t-online.ch/c/35/93/36/3593364.html

(Stand: 1.2. 2007)

Beispiel für eine Schülerlösung

Diese Schülerlösung zeigt, wie Schüler in hohem Maße ihren Lösungsprozess beschreiben. Sie können diese Lösung auch verwenden, um ihrer Klasse zu demonstrieren, welchen Umfang an niedergeschriebenen Bearbeitungsgedanken Sie erwarten.

Ich habe die Ringe gezählt und es kam raus
dases 12 Ringe sind ohne den Punkt in der mitte.
In diesem Fall braucht ein Ring ein Jahr zum
wachsen. Der durchmesser ist 12 cm bis zur
mitte sind es 6 cm dann ist ein Ring 5 mm
Erst habe ich gedacht jedes Jahr kommen
nur 5 mm dazu aber es kommen auf beiden
~~seiten~~ Seiten 5 mm dazu also kommt jedes
Jahr 1 cm dazu.

12 Jahre 12 cm
38 Jahre 38 cm
50 Jahre 50 cm

Wenn sie 50 Jahre alt ist ist der durchmesser
50 cm

Baumstamm C4

Anregungen für Schülerinnen und Schüler

Vielleicht helfen dir die folgenden Fragen:

- Ein Baum wächst im Winter fast gar nicht, dafür aber im Sommer. Wie wirkt sich das auf die Ringe, die man im Bild erkennen kann, aus?
- Wie viele Jahresringe kann man ungefähr zählen?
- Wie breit ist ein Jahresring? Wenn man das nicht genau sagen kann, was kann man dann ungefähr sagen?

C5 Flusspferd

- Das Flusspferdbaby im Bild wiegt 140kg und ist 1,20m lang.
  Wie schwer ist wohl die Mutter?

Aktivitäten

- plausible Annahmen machen
- Alltagswissen einsetzen
- Daten aus Abbildungen entnehmen

Spezifische Kompetenzen

- Grundvorstellungen zu Volumen und Gewicht vertiefen
- Mit Verhältnissen rechnen (ggf. in Bruchdarstellung)

Methodische Anregungen

- Die Schülerinnen und Schüler können zu Hause Gewicht und Größe von Tieren und ihren Tierkindern recherchieren und zur Bearbeitung der Aufgabe mitbringen.
- Die Anregungen für Schülerinnen und Schüler geben hier sehr konkrete Hinweise, das Volumen durch Quader anzunähern (das Flusspferd kommt einer solchen Modellierung mit seiner Körperform sehr entgegen).
- Vielleicht versuchen einige Schülerinnen und Schüler, die fehlenden Längen durch Messen zu erschließen. Dies ist aufgrund der perspektivischen Darstellung im Foto nicht möglich. Hier kann die Lehrkraft zur Überprüfung der so ermittelten Angaben (durch Vorstellen eines Flusspferdes oder passende Vergleiche) auffordern.
- Die Aufgabe kann Anlass sein, allgemein Größenverhältnisse ähnlicher Figuren zu untersuchen: Wenn ein Würfel (ein Quader etc.) doppelte Kantenlänge hat, wie wirkt sich dies auf seine Oberfläche und sein Volumen aus?

Mögliche Lösungen

Die Mutter ist etwa 2,3 bis 2,5 mal so lang wie das Jungtier. Nun kann man entweder ablesen, dass sie ca. 2 bis 2,1 mal so breit und hoch ist, oder denselben Faktor 2,5 auch für die Breite und Höhe annehmen.
Das führt auf eine Länge von ca. 2,75m bis 3m.
Das Volumen ist ca. 10 bis 16 mal so groß.
Das würde ein Gewicht von ca. 1400kg bis ca. 2300kg bedeuten.
Man kann auch einfach aus dem Bild abzählen: Ins Muttertier passen ca. 10 Kinder.

Dazu passende Aufgaben

C2 Kleine Tiere, große Tiere
A10 Luftballons im Klassenzimmer

Hintergrundinformationen

Tiere und ihre Kinder – einige Daten

Blauwal

Blauwale sind fast so lang wie ein Flugzeug des Typs Boing 737! Ausgewachsene Tiere messen gewöhnlich 24-27 Meter, Neugeborene ungefähr 7 Meter. Obwohl der durchschnittliche Blauwal kleiner ist, können die Tiere doch über 30 Meter lang werden; ein Weibchen mit 33 Metern Länge hält den bislang gemessenen Rekord! Üblicherweise sind die größten Tiere meist Weibchen.

Erwachsene Tiere wiegen 100-120 Tonnen, das entspricht einem Gewicht von 2000 Personen und ist mehr als 25 Elefanten auf die Waage bringen würden. Neugeborene wiegen etwa 2,5 Tonnen. Der schwerste jemals gewogene Blauwal wog 190 Tonnen.

Seehund

Das Gewicht der Neugeborenen liegt zwischen 7 kg und 15 kg und ihre Länge beträgt etwa 80cm. Seehunde werden 30 bis 40 Jahre alt, und erreichen ein Gewicht von 100kg.

Rotes Riesenkänguru

Es erreicht ohne Schwanz eine Länge von 0,9 bis 1,6m. Der Schwanz ist 0,7 bis 1,2m lang. Im Stehen können sie 1,8m hoch aufragen. Männchen sind deutlich größer als die Weibchen. Während Männchen 55kg (in Einzelfällen bis zu 90kg) erreichen können, überschreiten Weibchen selten 30kg. Die Paarung kann ganzjährig stattfinden, ist jedoch vom Nahrungsangebot abhängig. Nach rund 33-tägiger Tragzeit wird meist ein, selten auch zwei Jungtiere geboren. Neugeborene Kängurus sind nur 2,5cm lang und 0,8g schwer. Sie krabbeln vom Geburtskanal in den Beutel und hängen sich an einer Zitze fest.

Flusspferd C5

Anregungen für Schülerinnen und Schüler

Vielleicht helfen dir die folgenden Fragen:

- Kann man aus dem Bild entnehmen, wie lang, wie breit und wie hoch ein Flusspferd ist?
- Stell dir einmal vor, ein Flusspferd wäre ein Quader. Wie könntest du dann weiter vorgehen?

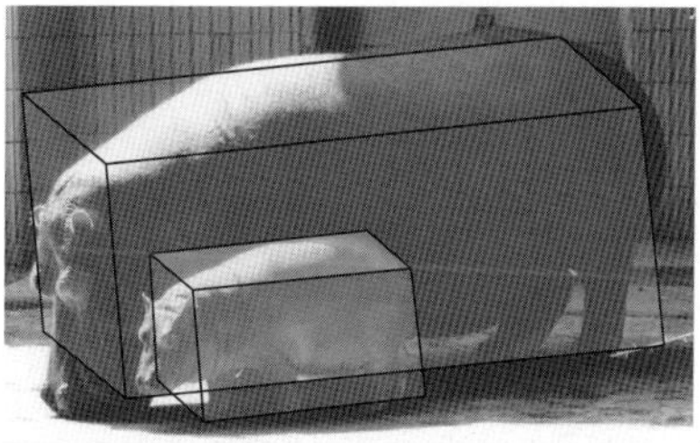

C6 Tropfender Wasserhahn

- „Ein tropfender Wasserhahn kann pro Tag bis zu 100 Liter Wasser verschwenden" – kann das stimmen?

Aktivitäten

- Anzahlen/Größen durch Schätzen und Überschlagen ermitteln
- plausible Annahmen machen
- Alltagswissen einsetzen
- Daten messen/ experimentell bestimmen
  (Anzahl der Wassertropfen in einem Glas, Tropfzahl eines Wasserhahnes)

Spezifische Kompetenzen

- Grundvorstellungen zum Volumenbegriff vertiefen

Methodische Anregungen

- Gibt es im Klassenraum einen Wasserhahn, so können einzelne Gruppen schon während der Stunde experimentelle Daten erheben.
- Die Lehrkraft kann Wasser und verschiedene Experimentiergeräte (Pipette, Messbecher) im Klassenraum zur Verfügung stellen. Tropfengrößen lassen sich auch mit Tropfpipetten aus der naturwissenschaftlichen Sammlung ermitteln.
- Die Schülerinnen und Schüler können die Messungen auch zu Hause vornehmen und in der folgenden Stunde ihre Lösungen und die jeweils verwendeten gemessenen Größen miteinander in Bezug setzen.
- Bei dieser Aufgabe kann es besonders ertragreich sein, die verschiedenen eingeschlagenen Lösungswege miteinander zu vergleichen. Dazu sollte jede Gruppe ein „Miniposter" (=DINA4-Blatt) erstellen und aushängen.
- Man kann auch als weiterführende Aufgabe stellen: Welche möglichst plausiblen Daten müsste man annehmen, damit die Angabe im Artikel stimmt?

Mögliche Lösungen

Bei dieser Aufgabe kann man ganz verschiedene Lösungswege einschlagen und miteinander vergleichen. Drei Wege, die jeweils die Strategie Messen, Schätzen und Rechnen als Ausgangspunkt wählen, sind auch auf der Karte „Messen-Schätzen-Rechnen" in der Fermi-Box ausführlich dargestellt:

Janina geht das Problem durch **Messen** an: Sie lässt den Wasserhahn tropfen und fängt das Wasser in einem Trinkbecher auf. In 10 Minuten ist der Becher, der ein Volumen von 0,2 Liter hat, voll. Dann rechnet sie nach: Nach 50 Minuten hat sie einen Liter. Ein Tag hat $24 \cdot 60 = 1440$ Minuten, also berechnet sie $1500 : 50$ und kommt auf etwa 30 Liter am Tag.

Martin probiert es zunächst mit **Schätzen**: Er stellt sich einen Tropfen etwa 5 Millimeter groß vor. Ein Liter ist ein Würfel mit 1 dm also 100 mm Kantenlänge. Also passen in einen Liter $20 \cdot 20 \cdot 20 = 8000$ Tropfen, eher mehr, weil ein Tropfen ja kleiner ist als ein Würfel, also eher 10.000 Tropfen. Nun rechnet er: In 100 Liter Wasser sind dann etwa 1000000 Tropfen. Ein Tag hat $24 \cdot 60 \cdot 60 = 86400$ Sekunden. Dann müssten jede Sekunde 1.000.000 : 86400, also etwa 10 Tropfen durch den Wasserhahn gehen. Das scheint ihm eher ein sehr stark tropfender Hahn zu sein …

Nicole macht zunächst (soweit wie es die Informationen zulassen) eine **Rechnung**:
100 Liter am Tag, das sind 100 : 24 also etwa 4,2 Liter in der Stunde, das sind 4,2 : 60 = 0,07 Liter in der Minute. 0,07 Liter sind $0{,}07 \cdot 1000\,cm^3 = 70\,cm^3$. In jeder Sekunde sind das etwa $70 : 60 = 1{,}2\,cm^3$. Nun zeichnet sie das Schrägbild eines Quaders mit den Maßen $1\,cm \cdot 1\,cm \cdot 1{,}2\,cm$. Das soll die Wassermenge sein, die jede Sekunde durchtropft? Das scheint ihr etwas viel. Ein Zehntel davon wäre wohl eher realistisch…

Dazu passende Aufgaben
C7 Müllionen
G1 Baden gehen

Tropfender Wasserhahn C6

Anregungen für Schülerinnen und Schüler

Vielleicht helfen dir die folgenden Fragen:
- Wovon hängt die Menge des Wassers ab?
- Welche Daten kann man schätzen?
  Welche Daten kann man rechnerisch überschlagen?
  Welche Daten kann man evtl. messen?
- Welche Daten fehlen? Kann man vielleicht plausible Annahmen machen?
- Welches ist der schlimmstmögliche Wert?
- Wie sieht es bei nur geringem Tropfen aus?

Hintergrundinformationen zu dieser Aufgabe finden Sie auf der folgenden Doppelseite.

Hintergrundinformationen

Tropfen im Windkanal

Wassertropfen sehen anders aus, als man dies allgemein dargestellt findet (s. Karte). Ihre Größe sind je nach Wasserhahn und Fließgeschwindigkeit unterschiedlich.
Die Tropfen des Nieselregens sind kugelrund und sehr stabil. Sie haben einen Durchmesser von etwa 0,8 mm und behalten ihre Form, während sie relativ still im Luftstrom „stehen". Normale Regentropfen haben etwa einen Durchmesser von 2 mm. Sobald sie sich die Tropfen von der Spritzennadel lösen, verändern sie ihre Form durch die Luftreibung. Sie sind unten abgeflacht und eingedellt; nur oben bleiben sie fast rund.

Je größer ein Tropfen wird, desto instabiler verhält er sich im Windkanal. Er beginnt zu schwingen, dehnt sich aus und verformt sich immer mehr – bis er irgendwann platzt. Diese Grenze liegt bei einem Durchmesser von etwa 9 mm. Größer kann kein Tropfen werden.

Verbrauch von Wasser nach Ländern und Liter pro Person pro Tag
(ohne Industrie, Stand 2005)

- 25 Indien
- 112 Frankreich
- 126 Deutschland
- 150 Österreich
- 213 Italien
- 382 USA

Ein großer Teil davon wird für die Toilettenspülung verwendet.

Quelle: http://de.wikipedia.org/wiki/Wasserverbrauch

Zitate zum Thema

Steter Tropfen höhlt die Börse!

Ein tropfender Wasserhahn kann bis zu 5.000 Liter im Jahr verschwenden. (baumarkt.de)

Ein tropfender Wasserhahn verliert innerhalb von 24 Stunden rund 10 Liter Wasser. (vz-nrw)

Bedenkt man, dass ein tropfender Wasserhahn bis zu 5.000 Liter Wasser im Jahr verschwenden kann, ... (oekotest)

Ein tropfender Wasserhahn braucht 45 Liter am Tag. (schwechat.gv.at)

Ein tropfender Wasserhahn (10 Tropfen pro Minute) verschwendet im Jahr mehr als 2.000 Liter Wasser. (hausarbeiten.de)

Ein tropfender Wasserhahn (10 Tropfen pro Minute) vergeudet im Monat rund 170 Liter Wasser, das sind mehr als 2.000 Liter pro Jahr. (mvv-life.de)

and the winner is … ;)

Ein einziger tropfender Wasserhahn verschwendet im Jahr 20.000 Liter Wasser! (mieterverein-muenchen)

http://home.arcor.de/capt.cornelius/2004/05/tropfender-wasserhahn-steter-tropfen.html

surftipps

- Typische Regentropfen sind unten abgeflacht und eingedellt, sowie oben rund. Bilder und weitere Informationen finden Sie unter **http://www.quarks.de/dyn/9673.phtml**
- Verschiedenes zu Tropfenformen finden Sie unter **http://www.tk-logo.de/mach-mit/experimente-06/experiment-tropfen.html**
- Ein Wasserverbrauchsrechner findet sich unter **http://www.quarks.de/dyn/15866.phtml**

C7 Müllionen

- Wie hoch wäre der Berg, wenn man den Müll, der an eurer Schule in einem Jahr anfällt, an einer Stelle sammelt?

Aktivitäten

- Anzahlen und Größen durch Schätzen und Überschlagen ermitteln
- Anzahlen und Größen veranschaulichen
- plausible Annahmen machen
- Alltagswissen einsetzen
- Ergebnisse überprüfen

Spezifische Kompetenzen

- Grundvorstellungen zu Volumina vertiefen
- Rechnen mit großen Zahlen, Volumina und den zugehörigen Maßeinheiten üben

Methodische Anregungen

- Die Ergebnisse können überprüft werden, indem Auskünfte über die Kapazitäten der Müllcontainer einer Schule und die Häufigkeit der Abfuhr eingeholt werden.
- Das Thema bietet sich natürlich an, um fachübergreifend über die Reduktion des Müllbergs nachzudenken.

Mögliche Lösungen

Hier ein Beispiel für eine Schülerlösung:

> Der Müllberg ist säulenartig 29.200 m hoch.
> Die Säule hat einen Durchmesser von 25 cm.
> Wir haben ca 20 Mülleimer
> 1 Mülleimer hat ca 60 Liter, 1 Mülleimer ? = 25 cm
> 1 Eimer mit 5 l ist ca. 33 cm hoch
> 3 Eimer mit 5 l sind ca 99 cm hoch
> hoch gerechnet: 1 Tag 1 200 l
> 1 Jahr 48 438 000 l = 29.200 m

Dazu passende Aufgaben

A6 Schulverbrauch
A10 Kopierpapier
C8 Hundehaufen

Müllionen

C7

Anregungen für Schülerinnen und Schüler

Vielleicht helfen dir die folgenden Fragen:

- Wo stehen überall Mülleimer an deiner Schule?
- Wie viel Müll wirfst du in einer Woche in der Schule weg?
- Werfen deine Mitschüler (Mitschülerinnen) mehr oder weniger Müll als du weg?
- Wie viel Müll wirft ein Lehrer (eine Lehrerin) in einer Woche in der Schule weg?
- Wo fällt im Schulalltag Müll an?
- Wie oft wird der Müll an deiner Schule abgeholt?
- Wie groß sind die Sammelbehälter für Müll?
- Wie viele Wochen hat ein Jahr?
- Wie viel Müll ist in einem zehn Meter hohen Müllberg?

C8 Hundehaufen

- Wie viele „Haufen" macht ein Hund in einem Jahr?

Aktivitäten
- Anzahlen durch Schätzen und Überschlagen ermitteln
- plausible Annahmen machen
- Alltagswissen einsetzen (Wie oft gehe ich mit meinem Hund „Gassi"?)

Spezifische Kompetenzen
- Rechnen mit ganzen Zahlen üben
- Umgang mit Mittelwerten

Methodische Anregungen
- Wenn die Schülerinnen und Schüler über keine Vorstellungen verfügen, wie viele „Haufen" ein Hund an einem Tag macht, können Sie Hundehalter befragen (oder auch Mitschülerinnen und Mitschüler, die einen Hund haben). Diejenigen, die selbst einen Hund haben, sich aber nicht sicher sind, können über ein paar Tage ein „Haufenprotokoll" anfertigen.
- Bei dieser Aufgabe müssen die Schülerinnen und Schüler auch immer wieder überlegen, wie oft eine bestimmte Tätigkeit pro Zeiteinheit (Tag, Woche, Monat, Jahr …) ausgeübt wird.

Zum Weiterdenken
Hier werden vor allem weitere Annahmen und Größenvorstellungen angesprochen. Dabei geht es immer wieder um Betrachtungen mit Mittelwerten (z. B. mittlere Anzahl liegen gebliebener „Haufen", mittleres Gewicht eines „Haufens", mittlere gereinigte Strecke Gehweg pro Tag). Dabei werden Rechnungen mit unterschiedlichen Maßeinheiten und ggf. auch das Umrechnen von Maßeinheiten angeregt (€; g, kg und t; m und km)

Dazu passende Aufgaben
B4 Händedruck
A6 Schulverbrauch
A10 Kopierpapier
C7 Müllionen

Hundehaufen C8

Anregungen für Schülerinnen und Schüler

Vielleicht helfen dir die folgenden Fragen:

- Wie oft pro Tag muss man mit einem Hund „Gassi“ gehen?
- Wie viele „Haufen“ macht ein Hund dabei?
- Machen alle Hunde gleich viele „Haufen“?
- Wie viele Tage hat ein Jahr?

D1. So viele Schulen

- Wie viele …
  - … Schulen,
  - … Schwimmbäder,
  - … Kirchen,
  - … Tankstellen,
  - … Döner-Buden,
  - … Bahnhöfe

  … gibt es in Deutschland?

Aktivitäten

- Anzahlen/Größen durch Schätzen und Überschlagen ermitteln
- plausible Annahmen treffen
- Alltagswissen einsetzen

Spezifische Kompetenzen

- Grundvorstellungen zu Mittelwerten vertiefen
- Rechnen mit ganzen Zahlen üben

Methodische Anregungen

- Diese Aufgabe bietet sich an, um die verschiedenen Fragen arbeitsteilig, z.B. in einem Gruppenpuzzle, zu bearbeiten. Anschließend kann eine grafische Darstellung über die abgeschätzte Häufigkeit der jeweiligen Einrichtungen in Deutschland erstellt werden („Gibt es eigentlich mehr Tankstellen oder mehr Dönerbuden?“).
- Die Schülerinnen und Schüler benötigen erste geographische, raumplanerische oder demographische Vorstellungen (zum Beispiel von der Anzahl der Städte, Dichte von Schulen, Kirchen etc. in Städten oder Größe von Schulen und Anzahl schulpflichtiger Kinder in Deutschland).
- Bei dieser Aufgabe bieten sich auch Recherchen zum Beispiel in Arbeitsmaterialien des Fachs Erdkunde oder im Internet an, wobei im Internet ggf. einige der gesuchten Anzahlen auffindbar sind. Eine umfassende Recherche sprengt in der Regel den Rahmen des Gruppenpuzzles.

Zum Weiterdenken

Der Gegenüberstellung mehrerer Lösungen fordert zur Diskussion über das gewählte Vorgehen auf. Die ähnliche Struktur der Lösungswege wird im Vergleich deutlich.
Die Frage nach der durchschnittlichen Besucherzahl kann auch zum Einstieg in das Thema „Umgang mit Daten“ dienen. Hier können die Schülerinnen und Schüler aus ihrem Erfahrungsschatz Annahmen treffen oder vor Ort recherchieren.

Hintergrundinformationen

Für Schulen findet man beim Statistischen Bundesamt die folgenden Zahlen für das Schuljahr 2005/2006 (vgl. http://www.destatis.de/basis/d/biwiku/schultab1.php):

- 395 965 allgemeinbildende Schulen (Tendenz: leicht fallend) und
- 129 378 berufsbildende Schulen (Tendenz: leicht steigend).

Dazu passende Aufgaben

D8 Briefkästen

D5 Schilderwald

So viele Schulen D1

Anregungen für Schülerinnen und Schüler

Vielleicht helfen dir die folgenden Fragen:

- Wie viele Städte und Gemeinden gibt es in Deutschland? (Eine „Gemeinde“ ist ein kleiner Ort, der zu klein ist, um eine „Stadt“ zu sein.)
- Wie groß ist deine Schule (wie viele Schülerinnen und Schüler besuchen sie)?
- Wie groß sind andere Schulen?
- Wie viele Grund-, Haupt-, Real-, Gesamt-, Berufsschulen oder Gymnasien gibt es?
- Wie viele Schulen sind in einer Stadt oder einer Gemeinde?
- Wie viele Schülerinnen und Schüler gibt es in Deutschland?

D2. So weit die Füße tragen

- Wie lange würdest du brauchen, um zu Fuß von Flensburg bis nach Freiburg zu kommen?

Aktivitäten

- Anzahlen/Größen durch Schätzen und Überschlagen ermitteln
- plausible Annahmen machen
- Alltagswissen einsetzen
- Daten aus Abbildungen entnehmen

Spezifische Kompetenzen

- Grundvorstellungen zu Längen, Zeitdauern Geschwindigkeiten vertiefen
- Rechnen mit Maßeinheiten und relativen Größen (Geschwindigkeit) üben
- Zusammenhänge zwischen Geschwindigkeit und benötigter Zeit erkunden

Methodische Anregungen

- Bei dieser Frage sind unterschiedliche Interpretationen des Kontexts möglich. So können zum Beispiel die reinen „Gehstunden" oder „Gehtage" berechnet oder auch explizit Pausen und individuelle Leistungsfähigkeit berücksichtigt werden. Bei einer gemeinsamen Diskussion der Ergebnisse haben die Schülerinnen und Schüler Gelegenheit, die Varianten zu erörtern.
- Der funktionale Zusammenhang zwischen Geschwindigkeit und benötigter Zeit eignet sich sehr gut, um an ihm die verschiedenen Darstellungsarten für Funktionen (Term, Tabelle, Graph) zu erarbeiten oder zu nutzen.
- Fächerübergreifend kann die Arbeit mit Landkarten vertieft werden.

Zum Weiterdenken

Wie ändert sich die Dauer der Reise, wenn andere Fortbewegungsmittel (wie Rad, Auto, Zug, ...) genutzt werden? Hier kann der Zusammenhang zwischen Geschwindigkeit und benötigter Zeit erkundet werden.
Die Umrundung der Erde setzt voraus, dass der Erdradius (6370 km) ungefähr bekannt ist oder geschätzt werden kann.

Hintergrundinformationen

Die Entfernung Freiburg – Flensburg beträgt ungefähr 750 km.

Dazu passende Aufgaben

A12 Schulweg
B1 Weite Wege
F6 Muttermarathon

So weit die Füße tragen D2

Anregungen für Schülerinnen und Schüler

Vielleicht helfen dir die folgenden Fragen:

- Wie weit ist es von Flensburg bis Freiburg?
- Wie viele Kilometer kannst du in einer Stunde zurücklegen?
- Wie viele Stunden am Tag kannst du wandern?
- Wie lang und wie breit ist Deutschland?
- Wie lange brauchst du mit Pausen, wie lange ohne Pausen?
- Wie viele Kilometer kannst du an einem Tag zurücklegen?

D3. Bodensee

- Passen alle Deutschen um den Bodensee?
- Könnten alle auf ihm stehen (wenn er zugefroren ist)?
- Würden alle in ihn hineinpassen (wenn man das Wasser herausließe)?

Aktivitäten

- Anzahlen und Größen überschlagen und veranschaulichen
- plausible Annahmen machen
- Alltagswissen einsetzen
- Daten experimentell bestimmen (Breite eines Menschen in einer Menschenkette, Standfläche pro Mensch bei dichtem Stehen)

Spezifische Kompetenzen

- Grundvorstellungen zu Länge, Fläche und Volumen vertiefen
- Rechnen mit Einheiten üben
- Flächen- und Längenbegriff gegeneinander abgrenzen
- Schätzen und Überschlagen von krummlinig begrenzten Formen

Methodische Anregungen

- Der Aufgabe kann auch eine vereinfachte Aufgabe vorangehen, in der gemessen wird, welche Fläche die Schüler der ganzen Klasse umschließen bzw. liegend oder stehend bedecken können.
- Die Aufgabe beinhaltet zwei Schwierigkeiten, denen man in einer ausführlicheren, handlungsorientierteren Form begegnen kann:
  1. Schwierigkeit: Vorstellungen von Längen, Flächen und Volumen. Hierzu kann man zunächst einfachere Aufgaben klären (z. B. Anzahl der Schüler um, auf oder in einem Schulteich oder einem Klassenzimmer).
  2. Schwierigkeit: Umrechnen von Einheiten. Hier helfen auch einfachere Aufgaben, bei denen vorstellungsorientiert umgewandelt werden muss (zum Beispiel unter Zuhilfenahme von Kubikmeterwürfeln usw.).

Mögliche Lösungen

1. Annahmen

- Geschätzte Länge: 60 bis 70 km
- Geschätzte Uferlänge: 120 bis 200 km = 120000 bis 200000 m
  (auch noch längere Schätzungen plausibel, da das Ufer vielfach gekrümmt ist)
- Geschätzte mittlere Breite: 7 bis 12 km
- Angegebene mittlere Tiefe: 90 m
  (Das Konzept „Durchschnittstiefe“ könnte man näher hinterfragen!)

2. Berechnungen der Seemaße

- Berechnete Fläche
  (60 bis 70km)·(7 bis 12km) = 400 bis 900km² = 400 bis 900 Millionen m²
- Berechnetes Volumen
  (400 bis 900 km²) · 0,09km = 45 bis 80km³ = 45 bis 80 Milliarden m³

3. Annahmen und Berechnungen zum Menschen

- Angenommene Breite eines Menschen: 0,5 bis 1,5m (gestreckte Arme)
- Angenommene Standfläche eines Menschen: Pro 1m² können 4 bis 10 Menschen stehen (je nachdem wie eng noch akzeptabel ist)
- Angenommenes Volumen eines Menschen: 100 Liter, d.h. 10 Menschen pro m³ (engste Packung) oder 0,5m·0,5m·2m, also 2 Menschen pro m³ (in Quader eingepackt).

4. Mögliche Ergebnisse

- (120 bis 200km):(1,5m bis 0,5m) = 80.000 bis 400.000 Menschen. Am Seeufer können also gerade mal alle Menschen einer Großstadt stehen.
- (400 bis 900 Millionen m²)·(4 bis 10 Menschen pro m²)= 800 Millionen bis 9 Milliarden Menschen. Da passt also sogar die ganze Weltbevölkerung darauf.
- (45 bis 80 Milliarden m³)·(2 bis 10 Menschen pro m²)= 90 bis 800 Mrd. Menschen

Dazu passende Aufgaben

A1 Schulversammlung
A2 Menschenkette

Hintergrundinformationen

Daten zum Bodensee finden Sie unter http://www.igkb.de/html/seedaten/index.html

Längste Stelle:	63 km	Uferlänge:	273 km
Breiteste Stelle:	14 km	Oberfläche:	536 km²
Maximale Tiefe:	254 m	Rauminhalt:	48,5 km³

Bodensee D3

Anregungen für Schülerinnen und Schüler

Vielleicht helfen dir die folgenden Fragen:

- Wie kann man sich die Form des Bodensees vereinfacht vorstellen, damit man etwas berechnen kann?
- Wie sieht eine Figur aus, die denselben Umfang wie der Bodensee hat?
- Wie sieht eine Figur aus, die dieselbe Oberfläche wie der Bodensee hat?
- Wie eng können Menschen stehen?
- Was bedeutet „durchschnittliche Tiefe“?

D4. Autos im Stau

- Wie viele Autos stehen in einem sechs Kilometer langen Stau?

Aktivitäten
- Anzahlen/Größen durch Schätzen und Überschlagen ermitteln
- plausible Annahmen treffen
- Alltagswissen einsetzen
- ggfs. Daten aus Abbildungen entnehmen

Spezifische Kompetenzen
- Grundvorstellungen zu Längen und Flächen vertiefen
- Rechnen mit Maßeinheiten üben

Methodische Anregungen
- Die Aufgabe regt zum Schätzen und Überschlagen an. Falls einige Schülerinnen und Schüler über keine angemessenen Größenvorstellungen von Autos oder LKWs verfügen, kann das Vermessen einzelner Wagen weiterhelfen (ggfs. Bandmaß bereithalten). Allerdings haben die Schülerinnen und Schüler in der Regel viele Ideen, um auf passende Größenvorstellungen zu kommen.

Zum Weiterdenken
Die Frage nach einem passenden Parkplatz greift die Vorstellungen von Flächen auf. Der Frage, ob alle Autos gleichzeitig auf die Straßen passen, kann man sich auch schrittweise annähren: Wie ist es in der Straße, in der man selbst wohnt – passen die Autos aller Anwohner gleichzeitig darauf? Wo gibt es überall Straßen?

Dazu passende Aufgaben
D5 Schilderwald
D7 Viel Platz zum Parken

Mögliche Lösungen

Wie bei jeder Fermi-Aufgabe gibt es auch hier mehrere mögliche Wege der Bearbeitung. Besonders nahe liegend – und erfahrungsgemäß fast ausschließlich gewählt – ist der folgende Weg.

1. Annahmen

Es müssen zunächst drei wesentliche Fragen beantwortet werden:

- Wie viele Spuren hat eine Autobahn – also wie viele Autos stehen nebeneinander?
- Wie lang ist ein Auto?
- Wie groß ist der Abstand zwischen den Autos?

Hierzu sind Annahmen zu treffen, bei denen es jeweils plausible Bandbreiten gibt (die man durch konkrete Erhebungen verfeinern kann):

- Eine Autobahn hat zwei bis vier Spuren (das Bild auf der Aufgabenkarte zeigt eine Autobahn mit 2 Spuren),
- ein Auto ist zwischen 2,5 m und 10 m lang,
- in einem Stau beträgt der Abstand der Autos zwischen 1,5 m und 10 m.

Daraus ergibt sich die folgende Ergebnisbandbreite (Anzahl der Spuren · Staulänge : Platzbedarf pro Auto):

- Minimum: $2 \cdot 6\,km : 20\,m = 2 \cdot 6000\,m : 20\,m = 600$
- Maximum: $4 \cdot 6\,km : 4\,m = 4 \cdot 6000\,m : 4\,m = 6000$

Autos im Stau D4

Anregungen für Schülerinnen und Schüler

Vielleicht helfen dir die folgenden Fragen:

- Wie lang ist ein Auto?
- Wie viele Autos stehen nebeneinander? Wie viele Spuren hat eine Autobahn?
- Wie viel Abstand ist zwischen den Autos?

D5. Schilderwald

- Wie viele Schilder stehen in deiner Stadt?

Aktivitäten
- Anzahlen/Größen durch Schätzen und Überschlagen ermitteln
- plausible Annahmen machen
- Alltagswissen einsetzen
- ggfs. Daten messen

Spezifische Kompetenzen
- Grundvorstellungen zu Dichten (Schilder pro…), Flächen und Mittelwerten vertiefen
- Rechnen mit Maßeinheiten üben

Methodische Anregungen
- Die Schülerinnen und Schüler werden einige inhaltliche Festlegungen selbst treffen (zum Beispiel „Sind Schilder mit Straßennamen auch Verkehrsschilder?"). Sie sollten über erste Vorstellungen von der Größe ihrer Stadt verfügen; ansonsten kann ein Stadtplan weiterhelfen.
- Bei dieser Aufgabe bietet es sich an, den Klassenraum zu verlassen und konkret zu messen und zu zählen (oder dies zur Überprüfung der Ergebnisse anzuregen).
- Zur Lösung gibt es unterschiedliche Strategien: So kann zum Beispiel die Schilderzahl pro Flächeneinheit oder die durchschnittliche Zahl der Schilder pro Straße abgeschätzt werden.

Zum Weiterdenken
Zum „Hochrechnen" vom eigenen Wohnort auf das ganze Land kann es hilfreich sein, wenn ein Atlas bereit liegt, in dem die Anzahl und Größe der Ortschaften verzeichnet ist. Die Frage nach der Größe eines „Schilderwaldes" dient der Veranschaulichung der Anzahl durch die eingenommene Fläche.

Dazu passende Aufgaben
D4 Autos im Stau
D6 Häuser

Schilderwald D5

Anregungen für Schülerinnen und Schüler

Vielleicht helfen dir die folgenden Fragen:

- Wie viele Verkehrsschilder stehen an einer Straße?
- Wie groß ist deine Stadt?
- Wie viele Straßen gibt es in deiner Stadt?
- Wie viele Verkehrsschilder stehen an einer Kreuzung?
- Welche Verkehrsschilder sieht man besonders oft, welche besonders selten? Wie viele gibt es davon jeweils?
- Gehören die Schilder mit den Straßennamen dazu?
- Wie viele Schilder stehen im Umkreis von einem Kilometer um die Schule?

D6 Häuser

- Wie viele Häuser gibt es in deiner Stadt?

Aktivitäten

- Anzahlen/Größen durch Schätzen und Überschlagen ermitteln
- plausible Annahmen machen
- Alltagswissen einsetzen
- ggfs. Daten messen

Spezifische Kompetenzen

- Grundvorstellungen zu Dichten (Häuser pro ...), Flächen und Mittelwerten vertiefen
- Rechnen mit Maßeinheiten üben

Methodische Anregungen

- Die Schülerinnen und Schüler können hier einige inhaltliche Festlegungen selbst treffen („Sind Schulen, Kirchen, Tankstellen ... auch Häuser?").
- Bei dieser Aufgabe bietet es sich an, den Klassenraum zu verlassen und Häuser zu zählen.
- Es gibt unterschiedliche Lösungsstrategien: So kann zum Beispiel die Häuserzahl pro Flächeneinheit oder die durchschnittliche Zahl der Häuser pro Straße abgeschätzt werden.

Zum Weiterdenken

Die Frage nach der von allen Häusern eingenommenen Fläche dient der Veranschaulichung und kann zum Vergleich der bebauten zur unbebauten Fläche einer Stadt, oder einer Ortschaft anregen.

Dazu passende Aufgaben

D8 Briefkästen
D5 Schilderwald

Häuser

D6

Anregungen für Schülerinnen und Schüler

Vielleicht helfen dir die folgenden Fragen:

- Wie viele Häuser stehen an einer Straße?
- Wie groß ist dein Wohnort?
- Wie viele Menschen wohnen in deiner Stadt?
- Wie viele Menschen wohnen in einem Haus?
- Wie viele Straßen gibt es in deiner Stadt?
- Gehören Bürogebäude und Kaufhäuser dazu?
- Wie viele Häuser stehen im Umkreis von einem Kilometer um die Schule?
- Wie viele Menschen wohnen in deinem Haus? Wie viele wohnen in anderen Häusern?

D7. Viel Platz zum Parken

- Wie groß müsste der Parkplatz sein, auf dem alle Autos deiner Stadt parken könnten?

Aktivitäten

- Anzahlen/Größen durch Schätzen und Überschlagen ermitteln
- Anzahlen/Größen veranschaulichen
- plausible Annahmen machen
- Alltagswissen einsetzen
- Daten aus Abbildungen entnehmen
- Daten messen

Spezifische Kompetenzen

- Grundvorstellungen zu Flächen vertiefen
- Rechnen mit Flächeninhalten üben

Methodische Anregungen

- Bei dieser Aufgabe bietet es sich an, den Klassenraum zu verlassen und konkret zu messen und zu zählen.

Zum Weiterdenken

Aufbauend können die Schülerinnen und Schüler selbst einen Parkplatz entwerfen. Hierbei sind geschickte Zufahrtswege einzuplanen. Die Aufgabe kann fächerübergreifend mit dem Fach Kunst bearbeitet werden.

Dazu passende Aufgaben

A11 Fahrräder
D4 Autos im Stau

Viel Platz zum Parken **D7**

Anregungen für Schülerinnen und Schüler

Vielleicht helfen dir die folgenden Fragen:

- Wie viele Autos gibt es in deiner Stadt?
- Wie groß ist eine Parkbucht für ein Auto?
- Wie breit ist ein Auto?
- Wie viele Einwohner hat deine Stadt?
- Wie viele Autos gibt es in deiner Familien?
- Wofür gibt es überall Autos?
- Wie lang ist ein Auto?
- Gibt es Wege, auf denen die Autos den Parkplatz verlassen können?
- Wie viel Abstand ist zwischen den Autos?
- Wie viele Autos gibt es pro Einwohner deiner Stadt?

D8 Briefkästen

- Wie viele Briefkästen (zum Abschicken von Briefen) gibt es in Deutschland?

Aktivitäten

- Anzahlen/Größen durch Schätzen und Überschlagen ermitteln
- plausible Annahmen machen
- Alltagswissen einsetzen

Methodische Anregungen

- Zum Vergleich der Ergebnisse kann die tatsächliche Zahl von Briefkästen bzw. das tatsächliche private Briefaufkommen recherchiert werden.
- Zusammen mit den Karten D5 (Häuser) und D6 (Schilderwald) kann diese Aufgabe zur arbeitsteiligen Gruppenarbeit eingesetzt werden.

Zum Weiterdenken

Der Vergleich der Ergebnisse mit einer Anzeige der Deutschen Post regt insbesondere die Diskussion über den Begriff „statistisch gesehen" an.

Mögliche Lösungen

Die Aufgabe kann ganz verschiedene Ergebnisse ergeben, je nachdem, für wie schreibfreudig man die Deutschen ansieht. Zur Berechnung gibt es im wesentlichen zwei Ansätze:

1. Von der Kapazität ausgehend

Wie viele Briefkästen braucht man, um das tägliche Briefaufkommen aufzufangen? Dabei muss man viele Aspekte vernachlässigen, wie saisonale Schwankungen (Weihnachten) oder auch verschiedene Briefkastenformen (reguläre freistehende kleinere oder größere Briefkästen z.B. an Postämtern).
Eine einfache Rechnung kann so aussehen:
70 Millionen Einwohner (ohne Kleininder) schreiben jede Woche einen Brief.
Ein normaler Briefkasten fasst 1000 Briefe (sehr grob geschätzt) und wird täglich einmal geleert.
10.000.000 Briefe pro Tag : 1000 Briefe pro Kasten und Tag = 10.000 Briefkästen.

2. Von der Entfernung ausgehend

Der größte Teil aller Einwohner braucht einen Briefkasten „um die Ecke", also in höchsten 1km Entfernung. Wenn alle Einwohner gleichmäßig über Deutschland verteilt wohnen würden, müssten auch die Briefkästen gleichmäßig verteilt sein. Dann bräuchte man für 350.000 km^2 auch 350.000 Briefkästen. Wenn man einen Abstand von 2km noch akzeptieren würde, wären es nur noch ca. 350.000km^2 : 4km^2 = 90.000 Briefkästen.

Dazu passende Aufgaben

D1 So viele Schulen

D5 Schilderwald

D6 Häuser

Briefkästen D8

Anregungen für Schülerinnen und Schüler

Vielleicht helfen dir die folgenden Fragen:

- Wie viele Briefkästen braucht man?
- Wie viele Briefe passen in einen Briefkasten?
- In welcher Entfernung sollte der nächste Briefkästen stehen?

E1 Strickpullover

- Wie lang ist der Faden, aus dem ein Pullover besteht?

Aktivitäten

- Anzahlen und Größen durch Schätzen und Überschlagen ermitteln
- Daten der Abbildung entnehmen
- plausible Annahmen machen
- Alltagswissen einsetzen (Größe eines Pullovers)
- Daten experimentell bestimmen oder Ergebnisse überprüfen (einen alten Pullover oder Handschuh aufribbeln)

Spezifische Kompetenzen

- Grundvorstellungen zu Länge und Umfang vertiefen
- Rechnen mit Längen und den zugehörigen Maßeinheiten üben
- Kenntnisse zur Umfangsberechnung anwenden und vertiefen
- Rechnen mit großen Zahlen

Methodische Anregungen

- Das Ergebnis kann mit Erfahrungswerten verglichen werden. Schülerinnen und Schüler können strickende Verwandte befragen, wie viele Knäuel sie beim letzten Stricken verbraucht haben und wie viel Wolle auf einem Knäuel war.
- Um die Fadenmenge pro Fläche zu validieren kann auch ein Strickflecken, den ein Schüler zuvor anfertigt, aufgeribbelt werden.
- Auf der Banderole eines mitgebrachten Wollknäuels kann der Verbrauch abgelesen werden.

Zum Weiterdenken

Man kann umgekehrt von der Fadenlänge ausgehend nach der Größe eines passenden Pullovers fragen. Ein weiterer Aspekt ist der Vergleich großer und kleiner Pullover bis hin zu einem Riesentextil.

Mögliche Lösungswege

1. Ansatz: Faden nebeneinander legen/„Flächenmodell“

Fadenbreite bestimmen: 10 Fäden haben die Breite von 3 cm. Fäden dicht nebeneinander legen: auf 10 cm mal 10 cm passt eine Fadenlänge von 30 cm.

Die Gesamtfläche eines Pullovers kann verschieden genau bestimmt werden.

Ein einfaches Rechteckmodell führt beispielsweise auf:

$$A = 50\text{ cm} \cdot 50\text{ cm} + 10\text{ cm} \cdot 2\text{ m} = 4500\text{ cm}^2$$

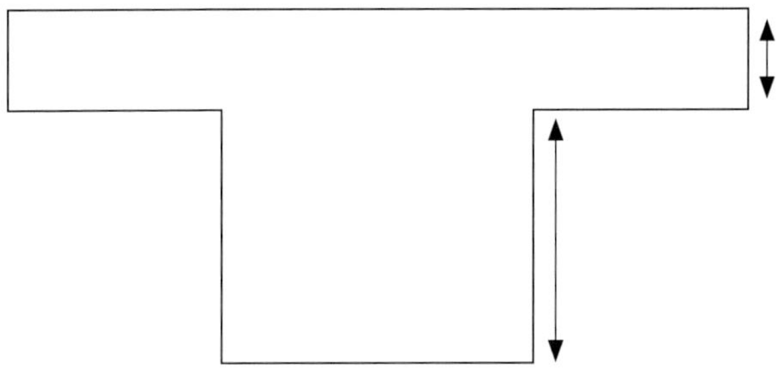

Der 10 cm mal 10 cm Flicken passt etwa 50 mal hier hinein, die Fadenlänge beträgt damit 1500 m. Die Ergebnisse können erheblich variieren und hängen vor allem von der angenommenen Fadendichte und der Pulloverfläche ab.

2. Ansatz: Fadenverlauf annähern

Wenn Schülerinnen und Schüler den Fadenverlauf rekonstruieren (aus dem Bild oder einer Strickprobe), können sie seine Länge näherungsweise genauer bestimmen. Danach können sie wie im Flächenmodell weiter verfahren.

Dazu passende Aufgaben

H1 Starke Frauen
H3 Hermannsdenkmal
H9 Langer Schal
H10 Schalspirale

Strickpullover E1

Anregungen für Schülerinnen und Schüler

Vielleicht helfen dir die folgenden Fragen:

- Welche Art Pullover könnten überhaupt gemeint sein?
- Wie sieht ein solcher Pullover von Nahem aus?
- Wie viel Faden ist auf einem Quadratzentimeter verarbeitet?
- Wie viel wiegt ein Faden? Wie viel wiegt der Pullover?
- Wie oft geht ein Faden um den Bauch herum?

E2 Tastendruck

- Die Tasten an einem Taschenrechner müssen ganz schönen Belastungen standhalten. Wie oft werden die Tasten auf einem Taschenrechner wohl gedrückt?

Aktivitäten

- Anzahlen durch Schätzen und Überschlagen ermitteln
- plausible Annahmen machen
- Alltagswissen einsetzen
- Daten experimentell bestimmen
  (sich beim Rechnen mit dem Taschenrechner beobachten)

Spezifische Kompetenzen

- Rechnen mit großen Zahlen üben

Methodische Anregungen

- Die Aufgabe eignet sich besonders für Unterrichtsstunden, in denen das Arbeiten mit dem Taschenrechner eingeführt wird. Anhand dieser Aufgabe kann man dann sowohl *mit* dem Taschenrechner als auch *über* den Taschenrechner arbeiten.
- Die Aufgabe kann sich an Übungen mit dem Taschenrechner anschließen.
  Beim weiteren Üben können Schülerinnen und Schüler dann gleichzeitig zählen.
- Das Zählen der Tastendrücke kann auch zu Hause ausgeführt werden.

Mögliche Lösungen

Natürlich kann man ganz ohne Taschenrechner auskommen! Wenn man allerdings alle Rechnungen mit dem Taschenrechner überprüft, so kann überschlagen:

- Wie viele Rechnungen mache ich pro Tag?
- Wie viele Rechnungen stehen auf einer Schulbuchseite? (Davon mache ich jeden Tag zum Beispiel ein Viertel.)

Schüler können feststellen:

- Sehr häufig wird das „=“ Zeichen gedrückt, es kommt bei jeder Rechnung vor.
- Auch sehr häufig sind die Rechenzeichen „+ , − , · , :“, die vier Rechenarten kommen verschieden oft, aber je nach Thema in etwa gleich oft vor.
- Danach kommen die Zifferntasten, die in etwa gleich häufig auftreten.

Ein Lösungsbeispiel

Ich mache jeden Tag 20 Rechnungen, die ich alle mit dem Taschenrechner überprüfe. An 200 Schultagen drücke ich also 4000 mal die „Gleich“-Taste. In 13 Schuljahren sind das 52000 Tastendrücke.

Hintergrundinformationen

Die 10 Ziffern kommen übrigens nicht gleich häufig vor. Der Mathematiker Simon Newcomb und der Physiker Frank Benford haben unabhängig voneinander entdeckt: In Datensätzen (z. B. Einwohnerzahlen von Städten oder Geldbeträge in der Buchhaltung) kommen die Ziffern 1 bis 9 als Anfangsziffern verschieden häufig vor. Je niedriger die Ziffer, desto öfter taucht sie auf. Zahlen mit der Anfangsziffer ‚1' sind etwa 6,5-mal häufiger als solche mit der Anfangsziffer ‚9'.

führende Ziffer	Wahrscheinlichkeit
1	30,1 %
2	17,6 %
3	12,5 %
4	9,7 %
5	7,9 %
6	6,7 %
7	5,8 %
8	5,1 %
9	4,6 %

Auch Ihre Schüler können dem einmal nachgehen, indem sie zum Beispiel auf Zeitungsseiten oder Mathematikbuchseiten Zahlen suchen und dann die Ziffern bzw. die Anfangsziffern nach ihrer Häufigkeit auszählen.
Gibt es Ungleichheiten?
Was heißt das für den Taschenrechner?

Dazu passende Aufgaben

B4 Händedruck
E4 SMS mal wieder

Tastendruck E2

Anregungen für Schülerinnen und Schüler

Vielleicht helfen dir die folgenden Fragen:

- Beobachte, was passiert, wenn du einmal eine Seite in deinem Mathebuch „durchrechnest"?
- Wie lange muss ein Taschenrechner halten?
- Wie viele Rechnungen machst du pro Tag?
- Werden alle Ziffern gleich oft gedrückt?

E3 Zahncreme

- Wie lang ist eigentlich der Streifen Zahncreme, der in einer Zahnpastatube steckt?

Aktivitäten

- Größen durch Schätzen und Überschlagen ermitteln
- plausible Annahmen machen
- Alltagswissen einsetzen
- Daten experimentell bestimmen/Ergebnisse überprüfen (Die Tube ausdrücken)

Spezifische Kompetenzen

- Grundvorstellungen zu Volumen vertiefen
- Mit Volumeneinheiten (ml, cm^3) rechnen

Methodische Anregungen

- Die Lehrkraft kann eine preiswerte Tube von zu Hause mitbringen.
- Als langfristige Aufgabe kann man auch über einen Monat hinweg dokumentieren lassen, für wie viele Male Zähneputzen eine Tube zu Hause reicht.
- Das Prüfen durch Auspressen einer Tube kann man den Schülerinnen und Schülern eigentlich nicht verweigern. Es empfiehlt sich allerdings nicht, wenn alle Schüler das Ergebnis zu Hause überprüfen.

Mögliche Lösungswege

<u>1. Bestimmen des Volumens</u>

a) Ablesen der Tube, z.B. 75ml,
dann Umrechnen: $1000\,ml = 1\,l = 1000\,cm^3$. Also $75\,ml = 75\,cm^3$

b) Abschätzen des Tubenvolumens,
z.B. als (halber) Quader: $\frac{1}{2} \cdot 14\,cm \cdot 3\,cm \cdot 3\,cm = 63\,cm^3$
(Hier wird die Tube als „halber" Quader modelliert. Viele andere Modellierungen sind möglich. Entscheidend ist wohl der Mut, sich für eine einfache Form zu entscheiden.)

<u>2. Bestimmen des Volumens eines Streifens</u>

Zunächst angenommene Länge von 1 m.
Messung des Querschnittes: 4mm
Volumen: ca. $4\,mm \cdot 4\,mm \cdot 1\,m = 16000\,mm^3$
Umrechnen führt auf $16\,cm^3$.

<u>3. Bestimmung der Länge</u>

$75\,cm^3 : 16\,cm^3 \approx 5$
Also können ca. 5 Meter Zahnpastastreifen aus der Tube herauskommen.

Anmerkung:
Das Ergebnis kann in Abhängigkeit der gemessenen Größen und des gewählten Volumenmodells sehr stark (um mehr als einen Faktor 10) variieren. Die Lösung ist schon dann zufriedenstellend, wenn sie der Größenordnung zwischen einem und zehn Metern liegt. Sehr stark davon abweichende Resultate sind wahrscheinlich auf falsche Umrechnungen zurückzuführen.
Daneben sind weitere experimentelle Lösungsansätze denkbar, wie das Gewicht eines Streifens messen oder sein Volumen in einem Überlaufversuch bestimmen.

Hintergrundinformationen
Menschen, die es ausprobiert haben, berichten über Streifenlängen zwischen 1 m und 15 m. Der mittlere jährliche Verbrauch von Zahnpasta beträgt 336 Milliliter (ml), das sind nur etwa 54 Prozent der Mindestmenge von 628 ml, die gängigen Empfehlungen zufolge als notwendig erachtet wird.

Quelle: http://www.zm-online.de/m5a.htm?/zm/6_06/pages2/prophy1.htm

Fast unvermeidbar ist die Frage: Wie kommen überhaupt die Streifen in die Zahncreme? Dazu gibt es eine Sachgeschichte aus der Sendung mit der Maus, als Video erhältlich unter http://www.wdrmaus.de/sachgeschichten/a_bis_z.phtml?bstb=z

Dazu passende Aufgaben
G11 Spielfeldkreide
H 12 Marmeladenbrote

Zahncreme E3

Anregungen für Schülerinnen und Schüler

Vielleicht helfen dir die folgenden Fragen:
- Wie viel Zahnpasta steckt eigentlich in einer Tube?
- Wenn du keine Tube zur Hand hast, welche vereinfachte Form mit etwa demselben Volumen kannst du dir vorstellen?
- Welche Form hat denn der Zahnpastastreifen?
  Wie kann man sie vereinfachen und das Volumen berechnen?
- Wie viel Zahnpasta steckt in einem Streifen von zum Beispiel 1 m Länge?
- Wie könntest du überprüfen, ob du mit deiner Rechnung Recht hattest?

E4 SMS mal wieder

- Wie viele SMS versenden die Schüler deiner Schule an einem Tag? Welche Kosten fallen dabei an?

Aktivitäten

- Anzahlen und Größen durch Schätzen und Überschlagen ermitteln
- plausible Annahmen machen
- Alltagswissen einsetzen

Spezifische Kompetenzen

- mit geschätzten Werten rechenen

Methodische Anregungen

- Bei dieser Aufgabe werden lediglich einige arithmetische Grundfertigkeiten trainiert. Die besondere Schwierigkeit besteht hier in der Annahme plausibler Werte bzw. in der Sicherheit, auch mit geschätzten Werten weiter zu rechnen.
- Eine ausführlichere und langfristige Selbstbeobachtung kann vor oder nach der Berechnung geplant und durchgeführt werden.
- Die Lehrkraft sollte vorweg im Gespräch überprüfen, wie verbreitet das Handy und das SMS-Schreiben in der Klasse ist. Gegebenenfalls sollten einzelne Schüler nicht von der Aufgabe ausgegrenzt werden, man kann hier alternative Fragen bereit halten (z.B. „Wie lange telefonierst du im Jahr?").

Mögliche Lösungen

Bei dieser Aufgabe müssen Schülerinnen und Schüler gegebenenfalls über ihre Erfahrungen hinweg spekulieren. Man kann von vorneherein festlegen, sowohl besonders niedrige als auch besonders hohe Annahmen zu treffen und die Resultate zu vergleichen.

Eine mögliche Lösung kann so aussehen:
Annahme: Ein Schüler versendet im Schnitt 2 SMS am Tag
(Viele versenden 10 SMS am Tag, manche nicht jeden Tag).
Bei einer Schule mir 500 Schülern (jeder Schüler hat mittlerweile ein Handy) macht das 1000 SMS. Bei einem SMS-Preis von 20 Cent ergibt das eine Summe von 200 € pro Tag.

Dazu passende Aufgaben

B8 Händedruck
E2 Tastendruck

SMS mal wieder E4

Anregungen für Schülerinnen und Schüler

Vielleicht helfen dir die folgenden Fragen:

- Wie sind eure Handygewohnheiten? Sammelt und vergleicht.
- Wie viele Schülerinnen und Schüler haben ein Handy (auch von anderen Jahrgangstufen)?
- Wie viele SMS schickt ein SMS-fauler Schüler? Wie viele ein SMS-Fanatiker?

- Wie viele einzelne Pommes werden von den Schülern deiner Schule in einem Jahr gegessen? Wie groß müsste ein Kartoffelacker sein, um die hierfür nötigen Kartoffeln anzubauen?

Aktivitäten
- Anzahlen und Größen durch Schätzen und Überschlagen ermitteln
- plausible Annahmen machen
- Alltagswissen einsetzen
- Daten aus Abbildungen entnehmen
- recherchieren (Informationen zum Anbau von Kartoffeln)

Spezifische Kompetenzen
- Arbeiten mit unüblichen Flächen- und Gewichtsmaßen

Methodische Anregungen
- Da den Schülerinnen und Schülern der Anbau von Kartoffelpflanzen auf Äckern nicht mehr vertraut sein dürfte, bietet sich hier eine Recherche oder ein Interview mit einem Bauern (s. Seite 130) oder einem Großelternteil an.
- Die Lehrkraft kann einige Anschauungsobjekte (oder Bilder) mitbringen: Kartoffeln, Kartoffelpflanzen, Pommes.
- Schülerinnen und Schüler können die Daten zum Kartoffelacker längerfristig erheben, also z.B. durch Recherche oder Befragung. Ein entsprechendes Interview können die Schülerinnen und Schüler auch selbst führen. Zuvor sollte geklärt werden, welche Fragen sie stellen möchten.

Mögliche Lösungen

Weg 1: Aus einer (großen) Kartoffel erhält man ca. 30 Pommesstreifen. In einer großen Pommesportion sind (erfahrungsgemäß) 50-60 Streifen, also 2 Kartoffeln.

Weg 2: Eine kleine Portion Pommes wiegt 150g. Eine Kartoffel wiegt 100 bis 200g (das kann stark variieren, ggfs. zu Hause messen). Man kann also von etwa einer Portion Pommes pro Kartoffel ausgehen. Der Gesamtverzehr der Schule kann als Gewicht, als Kartoffelanzahl oder als Portionenzahl ermittelt werden.
Ein mögliches Ergebnis für den Ertrag eines Kartoffelackers ist: Ein Kartoffelacker der Fläche 20m x 80m hat etwa 20 Reihen. In einer Reihe wachsen etwa 160 Pflanzen (alle 0,5m ein Stock). Dies ergibt 3200 Pflanzen. An einer Pflanze wachsen etwa 10 Kartoffeln. Dies ergibt 32000 Kartoffeln.
In das Endergebnis gehen schließlich noch Annahmen über den Verzehr der Schüler und die Größe der Schule ein.

Zum Weiterarbeiten

Weitere Größen und Anzahlen können rund um das Thema „Fast-Food“ ermittelt und veranschaulicht werden. Wie viel Abfall wird produziert? Wie viele Kunden hat eine Filiale an einem Tag, in einer Woche, in einem Jahr?

Dazu passende Aufgaben

B3 Hmm wie lecker
F7 Frische Brötchen
H12 Marmeladenbrote

Von der Knolle zur Fritte E5

Anregungen für Schülerinnen und Schüler

Vielleicht helfen dir die folgenden Fragen:

- Informiere dich über den „mittleren“ Pommes-Konsum deiner Mitschüler.
- Wie viele Pommes sind in einer Portion und in einer Kartoffel?
- Wie viele Kartoffeln produziert eine Pflanze?
- Wie stehen die Kartoffeln auf einem Acker?

Interview mit einem Kartoffelbauern auf dem Markt

Frage: Wenn auf einem Acker Kartoffeln angebaut werden, wie eng dürfen dabei die Reihen gesetzt werden?

Antwort: Auf dem Acker muss zwischen den einzelnen Reihen noch der Traktor durchfahren. Daher werden die Reihen mit einem Abstand von 50 bis 70cm gesetzt.

Frage: Und der Abstand zwischen den einzelnen Pflanzen in der Reihe?

Antwort: In einer Reihe selbst braucht ja kein Traktor mehr zu fahren. Deshalb werden dort die Pflanzen nur 30cm auseinander gesetzt.

Frage: Wie viele Kartoffeln trägt denn eine Kartoffelpflanze?

Antwort: Das hängt von verschiedenen Faktoren ab: Vom Boden, vom Wetter und von der Sorte. Eine Pflanze trägt so zwischen 10 und 20 Kartoffeln, wobei gerade bei so großen Katroffeln wie in der Pommes Frites Produktion wohl eher von 10 Kartoffeln pro Pflanze ausgegangen werden kann.

Frage: Wie viele Kartoffeln erntet ein Bauer denn von einem Hektar?

Antwort: Das ist wieder abhängig von den gerade schon genannten Faktoren. Aber so zwischen 200 dz pro ha und 40 dz pro ha werden es ungefähr sein.

Lesehilfen:
ha spricht sich Hektar, 1 ha = 10.000 m^2
dz spricht sich „Doppelzentner“, 1 dz = 100 kg

Hintergrundinformationen

Der Ertrag eines Kartoffelackers schwankt stark aufgrund von Wetter, Bodenqualität, Düngung und eventuellem Schädlingsbefall. 2003 betrug der Durchschnittsertrag in Deutschland 35 Tonnen pro Hektar, 2002 hingegen 39 Tonnen pro Hektar.
Weitere Internetinformationen finden Sie unter www.was-wir-essen.de

Bei Fritten gibt es unterschiedliche Schnittgrößen mit Dicken von 7mm (1/4", shoestring) über 10mm (3/8", straight cut) bis zu 13mm (1/2" crinkle cut).

Quelle: http://www.talleys.co.nz/vfries.htm

E6 Ein Milliardär hat's schwer

- Das Vermögen von Bill Gates, dem Gründer von Microsoft, wird auf 40 Milliarden Dollar geschätzt. Wie lange bräuchte er, um sein gesamtes Geld aus dem Fenster hinauszuwerfen?

Aktivitäten

- Anzahlen und Größen durch Schätzen und Überschlagen ermitteln
- Anzahlen und Größen veranschaulichen
- plausible Annahmen machen
- Daten aus Abbildungen entnehmen

Spezifische Kompetenzen

- Grundvorstellungen zu sehr großen Zahlen vertiefen

Methodische Anregungen

- Die Lehrkraft kann zur Veranschaulichung (falsche) 100-Dollar-Scheine auf Papier mitbringen bzw. entsprechend große Papierstreifen zurechtschneiden.
- Wenn die Schülerinnen und Schüler Altpapier mitbringen, können sie mit ausgeschnittenen Papierschnipseln experimentieren, z. B. die Dicke nachmessen.

Mögliche Lösungen

Die Aufgabe ist im Ergebnis äußert offen. Die Schülerinnen und Schüler können sehr kreativ sein bei der Überlegung, wie das Geld zum Fenster hinausgeht (ein Arm voll Geld, in Koffern, mit Hilfe einer Maschine). Die meisten werden aber den Wert eines Geldpäckchens bestimmen – experimentell oder rechnerisch. Sie können dabei über das Gewicht oder die Höhe des Stapels gehen.
Ein 10 cm hoher Dollarstapel enthält etwa 1000 Scheine, hat also einen Wert von etwa 100.000 $. Sein Gewicht beträgt dann etwa 1000g (Dicke eines Scheins 0,0043 inch, Gewicht: 1g). Schülerinnen und Schüler können durch Schätzen (Vergleich mit einem Stapel von 500 Blatt Papier) oder Messen auf ähnliche Werte kommen.
Wirft man das Geld mit beiden Armen durch ein Fenster, so kann man bei jeder Ladung 10 solcher Stapel mit einem Wert von 1.000.000$ werfen. Wenn man günstig steht und Kraft hat, so schafft man eine Ladung pro Sekunde.
Für das gesamte Vermögen braucht man dann immerhin noch 40 Mrd : 1 Mio = 40.000 Ladungen. Das dauert also 40.000 Sekunden, also immerhin noch 11 Stunden.

Hintergrundinformationen

Es gibt noch viele andere Weisen, solche großen Geldbeträge zu visualisieren:

- Wie groß wäre der Geldteppich?
- Wie lange würde ein Einkaufsbummel dauern?
- Wie groß/schwer wäre der Münzhaufen?
- Wie lange muss man dafür arbeiten?

surftipps

Weitere Anregungen Informationen und findet man zum Beispiel unter

http://www.moneyfactory.gov/document.cfm/18/106

http://www.ehd.org/science_technology_largenumbers.php

http://www.crunchweb.net/87billion/

http://www.moneyfactory.gov/document.cfm/18/106

Ein Milliardär hat's schwer E6

Anregungen für Schülerinnen und Schüler

Vielleicht helfen dir die folgenden Fragen:

- Auf welche Weise könnte Herr Gates sein Geld besonders umständlich oder besonders wirkungsvoll zum Fenster hinauswerfen?
- Man kann von der Geldmenge das Gewicht, aber auch das Volumen überschlagen. Wie würdest du vorgehen?

E7 Rasieren

- „Wussten Sie, dass ein Mann in 18 Monaten die Fläche eines Fußballfeldes rasiert?“
  In 18 Monaten ein Fußballfeld rasieren – kann das stimmen?

Aktivitäten

- Größen durch Schätzen und Überschlagen ermitteln
- plausible Annahmen machen
- Alltagswissen einsetzen
- Daten messen/experimentell bestimmen
- Ergebnisse überprüfen

Spezifische Kompetenzen

- Grundvorstellungen zur Flächenmessung vertiefen
  (Ausschöpfen krummlinig begrenzter Flächen mit Einheitsquadraten)

Methodische Anregungen

- Die Fläche des Bartes kann nicht nur geschätzt, sondern auch gemessen werden. Wenn der Lehrer einen Bart trägt, kann dies direkt im Klassenraum geschehen und die Schülerinnen und Schüler müssen sich eine Methode ersinnen, wie sie eine krummlinig begrenzte und noch dazu gekrümmten Fläche näherungsweise bestimmen.
- Die Lehrkraft kann Bilder mit Bartträgern zur Verfügung stellen
- Die Schülerinnen und Schüler können der Frage nach der Bartfläche eines Mannes und dem Ablauf eines Rasiervorgangs zu Hause nachgehen.

Mögliche Lösungen

Ihre Lösung können Schülerinnen und Schüler auf folgende Weise darstellen:

- als Verhältnis von Flächen
- als Zeitbedarf für die Rasur eines Fußballfeldes
- als Anzahl der Rasiergänge pro Tag

Werbebotschaften wie diese fordern geradezu dazu auf, sie nachzuprüfen. Damit das Ergebnis aber nicht nur unverbindlich im Klassenraum verbleibt, können Sie die Schülerinnen und Schüler auffordern, einen Brief an die werbende Firma zu verfassen (vgl. Laakmann 2005). Für einen solchen Brief müssen sie ihre Argumente besonders gründlich auf Schlüssigkeit überprüfen und auch über ihre Darstellungsweisen nachdenken.
Nicht selten erhält die Klasse (neben Werbegeschenken) auch eine Antwort, wie die Klasse von Herr Laakmann, die berechnet hat, dass ein Fußballfeld ca. 7000 m^2 groß ist und damit 280000 Bärten entspricht. Ihr Lehrer müsste bei einer Rasur am Tag etwa 518 mal dieselbe Stelle rasieren. Die Klasse kommt zum Schluss: Das kann nicht sein!

Antwort der Firma Braun:

Liebe Schüler der 5 a, sehr geehrter Herr Laakmann,
vielen Dank für Eure Berechnungen zur Scherteilewerbung von Braun.
Eure Berechnungen und Überlegungen zur rasierten Fläche sind alle richtig. Wir gehen bei unseren Überlegungen jedoch von einem etwas anderen Ansatz aus.
Die Größe eines Fußballfeldes beträgt mindestens 90×45 m, wir gehen von 90 × 50 m aus. das entspricht einer Fläche von 45.000.000 cm^2. Die Hautfläche im Gesicht, die täglich rasiert werden muss, beträgt ca. 480 cm^2. Diese Fläche wird pro Rasur sieben mal überstrichen (die Scherfolie berührt ein Stück Haut nicht nur einmal), und zwar jeden Tag, 18 Monate lang. Und: auf der Haut wachsen durchschnittlich 50 Haare pro cm^2, auf einem Fußballfeld sind es nur zwei Grashalme pro cm^2.
Die Formel zur Berechnung lautet:
480 cm^2 Haut
× 7 mehrfaches Überstreichen pro Rasur
× 30 Tage im Monat
× 18 Monate
× 25 Faktor Haare pro cm^2/Grashalme pro cm^2
Summa summarum macht das exakt 45.360.00 cm^2.
So genau werden unsere Überlegungen in der Werbung natürlich nicht dargelegt. Damit Ihr von Euren Rechenarbeiten auch praktisch etwas habt, senden wir Euch zwei Fußbälle.

Diese gibt wiederum Anlass, über die Sinnhaftigkeit der von der Firma vorgeschlagenen Modellierung nachzudenken, zum Beispiel anhand der folgenden Fragen:
- Wie kommt die Firma auf eine so große Fläche?
- Warum argumentiert die Firma so?
- Haltet ihr eure Rechenweise aufrecht? Mit welchem Argument?
- Wie könnte man die Werbebotschaft ergänzen, damit sie im Sinne der Firma verstanden wird?
- Welche Rechenweise wird durch das Bild nahe gelegt?
  Kann man ein korrekteres Bild vorschlagen?

Rasieren E7

Anregungen für Schülerinnen und Schüler

Vielleicht helfen dir die folgenden Fragen:
- Wie groß ist ein Bart?
- Wie könnte man seine Fläche messen?
- Wie sieht ein Rasiervorgang aus?
- Wie groß ist ein Fußballfeld?

E8 Einkaufszettel

- Wie lang ist der Einkaufszettel, den eine Kasse am Tag produziert?

Aktivitäten
- Anzahlen durch Schätzen und Überschlagen ermitteln
- plausible Annahmen machen
- Alltagswissen einsetzen (z. B. „Wie lang ist ein Kassenzettel, den wir beim Einkaufen bekommen?")
- Daten messen (z. B. Kassenzettel sammeln und deren Länge messen)

Spezifische Kompetenzen
- Grundvorstellungen zu Längen, Zeitdauern und Häufigkeiten (der Kassiervorgänge) vertiefen
- Stützpunktvorstellungen zu Zeitdauern oder Häufigkeiten (der Kassiervorgänge) vertiefen
- Rechnen mit Längen und den zugehörigen Maßeinheiten üben
- Umgang mit Mittelwerten

Methodische Anregungen
- Die Lehrkraft kann einige Kassenzettel mitbringen.
- Wenn die Schülerinnen und Schüler über keine oder nur wenige Vorstellungen darüber verfügen, wie lang ein Kassenzettel ist und wie viele Kassenzettel am Tag aus einer Kasse kommen, bietet sich ein kleines Forschungsprojekt an: In Absprache mit der Supermarktleitung können sie zum Beispiel eine Stunde lang mitzählen, wie viele Kassiervorgänge abgeschlossen worden sind, und die Länge der Kassenzettel messen – sofern die Kundinnen und Kunden das erlauben.

Zum Weiterdenken
Hier werden weitere Annahmen und Größenvorstellungen angesprochen, vor allem bei den Fragen nach der Anzahl der Waren und den Einnahmen einer Kasse an einem Tag. Dabei geht es immer wieder um Betrachtungen mit Mittelwerten (z.B. mittlere Anzahl an Waren bei einem Einkauf, mittlere Dauer eines Einkaufs, mittlere Einnahmen pro Einkauf). Dabei werden Rechnungen mit den entsprechenden Maßeinheiten angeregt. Die Frage, nach wie vielen Tagen eine (fiktive) Kassenzettel-Schlange erreicht ist, die um die Erde geht, dient der Veranschaulichung der involivierten Größen in ungewohnten Zusammenhängen.

Dazu passende Aufgaben
A7 Der Geldkoffer
E6 ein Milliardär hat´s schwer

Einkaufszettel E8

Anregungen für Schülerinnen und Schüler

Vielleicht helfen dir die folgenden Fragen:

- Wie viele Waren hat der Kassierer bzw. die Kassiererin dann eingetippt oder über den Scanner gezogen?
- Wie viel Geld wird an einem Tag an einer Supermarktkasse eingenommen?
- Nach wie vielen Tagen reicht die Kassenzettel-Schlange einer Kasse einmal um die Erde?
- Welche Strecke legt ein Einkaufswagen an einem Tag, in einer Woche, in einem Jahr zurück?

F1 Der Bus kommt

Wie viele Kilometer im Jahr fährt …
- … ein Busfahrer, eine Busfahrerin?
- … ein Taxifahrer?
- … ein LKW-Fahrer?
- … eine Streifenpolizistin?

Aktivitäten
- Fehlende Daten durch Schätzen und Überschlagen ermitteln
- Plausible Annahmen treffen

spezifische Kompetenzen
- Rechnen mit Längen- und Zeiteinheiten
- Umrechnen von Längen- und Zeiteinheiten

Methodische Anregungen
- Zur Vertiefung oder auch im Vorfeld können die Schülerinnen und Schüler eigene Recherchen zu Erfahrungen aus der Berufswelt (zum Beispiel der Eltern) anstellen.
- Die Schüler können die Reifenumfänge der Fahrzeuge näherungsweise bestimmen, zum Beispiel mit einem Maßband.

Zum Weiterdenken
Die berechnete Strecke kann veranschaulicht werden (Vergleich mit der Anzahl an Erdumrundungen oder mit der Dauer, die man mit einem Flugzeug für diese Entfernung brauchen würde). Eine Recherche zu technischen Merkmalen der Fahrzeuge (Treibstoffverbrauch, Reifenumfang, ...) kann zu weiteren Berechnungen mit den ermittelten Werten anregen: „Wie oft dreht sich ein Rad ... ?“ Dies wäre allerdings schon ein neues Forschungsprojekt.

Dazu passende Aufgaben
B1 Weite Wege
D2 So weit die Füße tragen

Hintergrundinformationen

Für die Märkische Verkehrsgesellschaft werden Busse im Regionalverkehr im Jahresdurchschnitt ca. 40000 Kilometer gefahren. Da die Busse in der Regel von zwei Busfahrern pro Tag gefahren werden, sind im Regionalverkehr ca. 20000 Kilometer pro Busfahrer pro Jahr eine realistische Größenordnung.

Quelle: www.mvg-online.de/index4.htm

Zu welchem Zweck sind die Bundesbürger heute unterwegs? Die Grafik zeigt den prozentualen Anteil der unterschiedlichen Wege, die im Jahr zurückgelegt werden. Den Hauptanteil bilden die Freizeitwege, gefolgt von beruflichen Wegen.

Freizeit	40%
Beruf	19%
Geschäftsreisen	17%
Einkaufen	11%
Urlaub	9%
Ausbildung	4%

Im Jahr 2000 wurden mit dem PKW 768,8 Milliarden Personenkilometer zurückgelegt. (Bei rund 82 Millionen Bundesbürgern kommt man dann schon auf eine beachtliche Strecke …)

Quelle: http://hvv.test.mitlinks.ch/wiki/index.php?title=Jahreskilometer

Der Bus kommt F1

Anregungen für Schülerinnen und Schüler

Vielleicht helfen dir die folgenden Fragen:

- Wie lange arbeitet ein Busfahrer am Tag?
- Wie schnell fährt ein Busfahrer etwa?
- Welche Route fährt ein Bus am Tag?
- Wie viel Urlaub hat ein Busfahrer?

F2 Au Backe!

- An wie vielen Zähnen bohrt eine Zahnärztin in ihrem Berufsleben?

Aktivitäten
- Anzahlen und Größen durch Schätzen und Überschlagen ermitteln
- plausible Annahmen machen

spezifische Kompetenzen
- Rechnen mit Zeiteinheiten
- Umrechnen von Zeiteinheiten

Methodische Anregungen
- Die Schülerinnen und Schüler können hier ihre Alltagserfahrungen einbringen. Zum Vergleich ihrer Ergebnisse bieten sich Recherchen zu Erfahrungen aus der Berufswelt von Zahnärzten an.

Hintergrundinformationen
Das Statistische Bundesamt gibt an, dass im Jahr 2004 in der Bundesrepublik Deutschland insgesamt 65000 Zahnärzte zugelassen waren. Nimmt man auf Grundlage dieser Daten an, dass sich jeder Bundesbürger durchschnittlich einmal pro Jahr an einem Zahn behandeln lässt, so müssen die 65000 zugelassenen Zahnärzte pro Jahr ca. 1250 Zähne behandeln (82 000 000 Zähne/65 000 Zahnärzte). Demzufolge sind dies bei den oben angenommenen 35 Berufsjahren ca. 45 000 Zähne. Ein Schätzwert von 50 000 Zähnen im Berufsleben eines Zahnarztes ist demnach durchaus realistisch.

Die Karies-Statistik ist erschreckend. Mehr als zehn Millionen Zähne werden in Deutschland jährlich wegen Karies oder Parodontitis (Zahnentzündungen mit Bildung von Zahnfleischtaschen) gezogen. 99,2 Prozent der 35 bis 44-Jährigen hat Zahnfäule. Praktisch jeder hat Löcher in den Zähnen. „Das ist alarmierend“, sagt Zimmer. Bei den Zwölfjährigen habe sich die Lage an der Beißfront seit Anfang der 90er-Jahre zwar verbessert. Der DMFT-Index sank von 4 auf 1,2. Statt vier kranker Zähne nur noch einer. Aber: 58 Prozent der Zwölfjährigen haben mindestens einen morschen Zahn.

Quelle: http://www.morgenpost.de/content/2003/12/01/berlin/644951.html

Zum Weiterdenken
Mit den ermittelten Werten kann weitergerechnet werden. Zum Beispiel, wie viele Zahnärzte es in der Stadt gibt (vgl. die Karte „Herr Fermi und seine Fragen“ in der Fermi-Box). Die berechneten Größen können auf witzige Weise veranschaulicht werden. Inhaltlich schließen sich Fragen zum Verbrauch an: „Wie viele Plomben ...“, „Wie viele Bohrer ...“

Dazu passende Aufgaben

B4 Händedruck
B8 Herzschlag
F3 Die Post ist da!
F4 Auto kaputt ...

Au Backe! F2

Anregungen für Schülerinnen und Schüler

Vielleicht helfen dir die folgenden Fragen:

- Wie viele Leute sitzen im Wartezimmer, wenn du beim Zahnarzt bist?
- Was außer Bohren kann eine Zahnärztin noch bei einer Behandlung tun?
- Wie lange dauert eine Behandlung?
- Mit wie vielen Jahren wird man Zahnarzt, und wann geht man in Rente?

F3 Die Post ist da!

- Wie viele Briefe trägt ein Briefträger im Jahr aus?

Aktivitäten
- Anzahlen und Größen durch Schätzen und Überschlagen ermitteln
- plausible Annahmen machen

spezifische Kompetenzen
- Rechnen mit Zeiteinheiten
- Umgang mit großen Zahlen

Zum Weiterdenken
- Rechnen mit Längen-, Geld- und Volumeneinheiten
- Veranschaulichung der Briefmenge durch das Legen einer „Briefschlange", eines „Briefhaufens" oder das Stapeln der Briefe im Klassenraum.

Dazu passende Aufgaben

Zu dieser Aufgabe passen
B4 Händedruck
B8 Herzschlag
F2 Au Backe!
F4 Auto kaputt ...

Methodische Anregungen
- Die Schülerinnen und Schüler können die Postboten beim Austragen der täglichen Post daheim befragen.

Hintergrundinformationen

Wir bewegen täglich 72 Millionen Briefsendungen in exzellenter Qualität.		
Produkt	Maße	Gewicht
Standardbrief	L: 140 bis 235 mm B: 90 bis 125 mm H: bis 5 mm	bis 20 g
Kompaktbrief	L: 100 bis 235 mm B: 70 bis 125 mm H: bis 10 mm	bis 50 g
Großbrief	L: 100 bis 353 mm B: 70 bis 250 mm H: bis 20 mm	bis 500 g
Maxibrief	L: 100 bis 353 mm B: 70 bis 250 mm H: bis 50 mm	bis 1.000 g
Postkarte	L: 140 bis 235 mm B: 90 bis 125 mm	Flächengewicht 150 bis 500 g/m^2

Quelle: http://www.deutschepost.de/dpag?tab=1&skin=hi&check=yes&lang=de_DE&xmlFile=832

Die Post ist da! F3

Anregungen für Schülerinnen und Schüler

Vielleicht helfen dir die folgenden Fragen:
- Wie viele Briefe passen in eine Briefträger-Tasche?
- Wie viele Häuser erreicht er am Tag?
- Wie lange arbeitet er am Tag?
- Verteilt ein Briefträger nur Briefe?

- Wie viele Autos repariert ein Kfz-Mechatroniker in einem Jahr?

Aktivitäten
- Anzahlen und Größen durch Schätzen und Überschlagen ermitteln (durchschnittliche Anzahl von PKWs pro Familie in Deutschland, ...)
- Plausible Annahmen treffen

spezifische Kompetenzen
- Rechnen mit Zeiteinheiten
- Umgang mit großen Zahlen

Methodische Anregungen
- Es werden sich nur einige Schülerinnen und Schüler in der Klasse genauer mit Autos auskennen. Für andere kann der Vergleich mit dem eigenen Fahrrad hilfreich sein: Wie lange dauert einmal „Reifen flicken"?
- Wer sich nicht für Autos interessiert, kann aufgefordert werden, sich eine ähnliche Fragestellung für einen anderen Beruf auszudenken – und zu beantworten. Zum Beispiel: „Wie viele Brötchen backt ein Bäcker in einem Jahr?"
- Zur Überprüfung der Ergebnisse bietet sich eine Recherche in einer KFZ-Werkstatt an. Was sind typische Wartungsarbeiten an einem Auto und wie lange braucht man dafür?

Zum Weiterdenken
Die Fragen zum Weiterdenken greifen Tätigkeiten in einer KFZ-Werkstatt auf. Dabei werden unterschiedliche Größen thematisiert: Die Fläche der lakierten Autos, das Gewicht aller reparierten Autos, der Wert der Autos.
Die Schülerinnen und Schüler können die verschiedenen Wartungsarbeiten ermitteln und grafisch darstellen. Dabei kann das Rechnen mit unterschiedlichen Zeiteinheiten geübt werden.

Hintergrundinformationen
Bestand an Kraftfahrzeugen
Anfang 2006 gab es in Deutschland 54.909.867 Kraftfahrzeuge, davon waren 46.090.303 Personenkraftwagen und 2.573.077 Lastkraftwagen.

Quelle: http://www.destatis.de/themen/d/thm_verkehr.php

Der neue Beruf des Kfz-Mechatronikers entstand aus den Berufen des Kfz-Mechanikers und des Kfz-Elektrikers. Er trägt der fortschreitenden Vernetzung von mechanischen und elektrischen bzw. elektronischen Komponenten in Kraftfahrzeugen Rechnung.

Quelle: http://de.wikipedia.org/wiki/Automechaniker

Dazu passende Aufgaben

B4 Händedruck
B8 Herzschlag
F2 Au Backe!

Auto kaputt … F4

Anregungen für Schülerinnen und Schüler

Vielleicht helfen dir die folgenden Fragen:

- Wie oft war euer Auto in diesem Jahr schon kaputt?
- Wie viele Werkstätten gibt es bei euch?
- Wie viele Autos stehen vor so einer Werkstatt?
- Wie viele Autos kann ein Kfz-Mechatroniker am Tag schaffen?
- Wie viele Autos gibt es in eurer Straße?

- Wie viele Stunden im Jahr
- … packt eine Schuhverkäuferin Schuhe ein und aus?
- … ist ein Nachrichtensprecher im Fernsehen?
- … predigt ein Pastor?
- … korrigiert ein Lehrer/eine Lehrerin Klassenarbeiten?

Aktivitäten
- Anzahlen und Größen durch Schätzen und Überschlagen ermitteln
- Fehlende Daten recherchieren
- plausible Annahmen machen

spezifische Kompetenzen
- Rechnen mit Zeiteinheiten
- Umgang mit großen Zahlen

Methodische Anregungen
- Jüngeren Schülerinnen und Schülern fällt es vielleicht schwer, sich den Berufsalltag eines Erwachsenen vorzustellen. Hier sind sinnvolle Annahmen gefragt. Von ihrem eigenen „Beruf" als Schüler ausgehend, können sich die Lernenden der Frage auch nähern.
- Die Lehrperson kann Fernseh- oder Tageszeitungen bereithalten.
- Die Schülerinnen und Schüler können Recherchen zu Erfahrungen aus der Berufswelt der angegebenen Berufe anstellen, indem sie Eltern oder Bekannte befragen.

Zum Weiterdenken
Man kann die Frage leicht auf andere Berufe ausdrehnen und zum Beispiel berechnen, wie viele Stunden ein Polizist im Jahr auf Streife fährt oder Strafmandate schreibt, wie viele Stunden ein Zoowärter Tiere füttert oder Ställe ausmistet, wie viele Stunden ein Profifußballer Fußball spielt, ...

Dazu passende Aufgaben
A4 Deine Lebenszeit
F8 Fensterputzer

Arbeitszeit F5

Anregungen für Schülerinnen und Schüler

Vielleicht helfen dir die folgenden Fragen:

- Wie lange dauert so ein Arbeitsgang?
- Wie oft kommt das am Tag oder in der Stunde vor?
- Kommt das an manchen Tagen häufiger vor?
- An wie vielen Tagen im Jahr arbeiten diese Personen?

F6 Muttermarathon

- Mütter und Väter stellen immer mal wieder seltsame Behauptungen auf: „Wenn ich den ganzen Tag im Haus arbeite, habe ich mindestens 10 Kilometer hinter mir." Kann das stimmen?

Aktivitäten

- Anzahlen und Größen durch Schätzen und Überschlagen ermitteln
- plausible Annahmen machen
- Überschlagen, was eine 10 Kilometer lange Strecke im Haus bedeuten könnte
- Reflektieren verschiedener Tätigkeiten im Haushalt

spezifische Komeptenzen

- Rechnen mit Längen- und Flächeneinheiten
- Rechnen mit Zeiteinheiten
- Umrechnen von Längen- und Zeiteinheiten

Methodische Anregungen

- Die Schüler können im Vorfeld der Aufgabe (oder auch im Nachhinein) daheim die täglich anfallenden Aufgaben analysieren.
- Vor der Bearbeitung der Aufgabe können typische Tätigkeiten an der Tafel gesammelt werden.
- Die Schülerinnen und Schüler sollten über elementare Vorstellungen von Längen verfügen. Wenn es ihnen schwer fällt, Wege abzuschätzen, können sie diese mit einem Bandmaß abmessen.

Zum Weiterdenken

Aufbauend können Länge und Fläche voneinander abgegrenzt werden („Wie viele Quadratmeter werden pro Jahr gesaugt?").
Die Benutzungshäufigkeit verschiedener Haushaltsgeräte hat ein ähnliches Vorgehen wie bei E2 „Tastendruck".
Die Schülerinnen und Schüler können Überlegungen dazu anstellen, wie viel Zeit mit Einkaufen verbracht oder wie viel Wasser im Haushalt verbraucht wird.

Dazu passende Aufgaben

B1 Weite Wege

Beispiel für eine Schülerlösung

Aufgaben im Haushalt:
Saugen, Putzen, Kochen, Bügeln, Baby tragen
Strecke durchs Haus:
Saugen: 2 mal überall hin
Putzen: 2 mal überall hin
Kochen, Bügeln: keine Wege durchs Haus
Baby tragen: vielleicht 2 mal überall hin
Nach der Erledigung der Arbeit ging die Frau ca. 6 mal durchs Haus, um 10 Kilometer zurückzulegen müsste sie aber etwa 125-mal durch das Haus gehen, und das ist so nicht möglich. Antwort: Es stimmt nicht.

- Was sagst du zu dieser Lösung?

Muttermarathon F6

Anregungen für Schülerinnen und Schüler

Vielleicht helfen dir die folgenden Fragen:

- Was macht deine Mutter, dein Vater eigentlich so den ganzen Tag im Haus?
- Wie oft läuft deine Mutter oder dein Vater dabei durch die Zimmer, nach oben oder unten?
- Wie groß ist das Haus, wie groß sind die Räume?
- Wie schnell flitzt deine Mutter, dein Vater in etwa durch die Wohnung?
- Macht sie oder macht er jeden Tag das Gleiche im Haus?

F7 Frische Brötchen

- Wie viele Brötchen werden jeden Morgen in deiner Stadt gebacken?

Aktivitäten

- Anzahlen und Größen durch Schätzen und Überschlagen ermitteln
- Fehlende Daten recherchieren
- plausible Annahmen machen
- Alltagswissen einsetzen (Wie sind unsere Frühstücksgewohnheiten?)

spezifische Kompetenzen

- Rechnen mit großen Zahlen

Methodische Anregungen

- Von eigenen Erfahrungen beim Bäcker ausgehend sind sinnvolle Annahmen zu treffen.
- Die Schülerinnen und Schüler können im Anschluss an die Aufgabe bei den Bäckern der Stadt Stichproben erheben.

Zum Weiterdenken

Die Veranschaulichung der „Brötchenschlange“ mit einer Strecke von … bis … regt das Rechnen mit Längeneinheiten an. Die Menge kann auch durch das Gesamtgewicht verdeutlicht werden. Bei der Frage nach dem Brotaufstrich bietet sich eine eigene Erhebung der morgendlichen Frühstücksgewohnheiten in der Familie an (Daten erfassen und darstellen).

Hintergrundinformation

Deutschland hat Europas höchsten Pro-Kopf-Brotverbrauch

Wie die Vereinigung ‚Getreide-, Markt- und Ernährungsforschung‘ am heutigen Dienstag in Berlin mitteilte, konsumierte jeder Deutsche im vergangenen Jahr durchschnittlich 85,3kg Brot.

Dies entspricht einem Brötchen und vier Scheiben Brot, die jeder Bundesbürger Tag für Tag verzehrt. Im Jahr sind das 1500 Schnitten und 350 Brötchen. Mit diesem Konsumverhalten sind die Deutschen – wie auch im Jahr zuvor – europäischer Spitzenreiter im Brotverbrauch.

Quelle: http://shortnews.stern.de/start_ppp.cfm?id=403497&news_archive=1&free_id=1&rubrik1=Freizeit

Dazu passende Aufgaben

B1 Weite Wege
B4 Händedruck
F2 Au Backe!
F3 Die Post ist da!

Frische Brötchen F7

Anregungen für Schülerinnen und Schüler

Vielleicht helfen dir die folgenden Fragen:

- Wie viele Bäcker gibt es in deiner Stadt?
- Backt jeder Bäcker (gleich viele) Brötchen?
- Wie viele Brötchen liegen beim Bäcker in etwa aus?
- Wie viele Brötchen kaufen die Leute morgens?

F8 Fensterputzer

- Wie lange braucht ein Fensterputzer, um das aus zwei Türmen bestehende Hochhaus der Deutschen Bank in Frankfurt zu putzen?

Aktivitäten

- Anzahlen und Größen durch Schätzen und Überschlagen ermitteln
- Fehlende Daten aus der Abbildung entnehmen
- plausible Annahmen machen

Spezifische Kompetenzen

- Rechnen mit Zeit- Längen- und Flächeneinheiten
- Umrechnen von Einheiten

Methodische Anregungen

- Die Schülerinnen und Schüler können aus der Abbildung ein paar Informationen entnehmen und mit den so ermittelten Zahlen weiterrechnen.
- Wer keine Vorstellung hat, wie lange das Fensterputzen dauert, kann es mit dem Tafelputzen vergleichen.
- Will man das Ergebnis prüfen, können die Schülerinnen und Schüler das Putzen eines Fensters im Klassenraum simulieren. Die Frage, wie sich eine andere angenommene Putzdauer auf das Ergebnis auswirkt, lädt zur Reflexion der eigenen Rechnung ein.

Beispiel für eine Schülerlösung

Ich nehme an:	Es dauert ungefähr 3 Minuten, bis er ein Fenster geputzt hat.
	Ein Turm hat ca. 50 Stockwerke mit 40 Fenstern pro Stockwerk. (Im Bild nachgezählt.)
	Ein Putzer arbeitet pro Tag 6 Stunden.
Rechnung:	50 · 40 = 2000 das macht 2000 · 3 Minuten = 60000 Minuten
	60 000 Minuten : 60 Minuten = 1000 Stunden
	1000 Stunden : 6 = 166 Tage (für einen Turm)
	166 Tage · 2 = 322 Tage (für zwei Türme)

Antwort: Ein Fensterputzer muss 332 Tage putzen, bis er fertig ist.

Zum Weiterdenken

Weitere Fragen vertiefen das Rechnen mit Zeit-, Längen- und Flächeneinheiten. In den Kontext passende Vergleiche bieten viele Gelegenheiten, Größen zu veranschaulichen. Die Schülerinnen und Schüler können die Anzahl der Fenster der eigenen Schule schätzen (Flächen vergleichen) oder die Anzahl der Arbeitsplätzen in einem der Bürogebäude (Volumen vergleichen).

Hintergrundinformationen

Die technischen Daten der Türme lauten:
Höhe: Jeweils 155 m
Stockwerke: Westturm 40 / Ostturm 38
Nutzfläche: 60.000 m^2
Gemeinsame Fundamentfläche: 4660 m^2

Quelle: http://de.wikipedia.org/wiki/Deutsche-Bank-Hochhaus

Dazu passende Aufgaben

E6 Ein Milliardär hat´s schwer
G8 Schwimmzüge

Fensterputzer F8

Anregungen für Schülerinnen und Schüler

Vielleicht helfen dir die folgenden Fragen:
- Wie lange braucht er für ein Fenster?
- Wie viele Fenster sind ungefähr an so einem Turm?
- Wie lange kann ein Fensterputzer am Stück arbeiten?
- Wie viele Tage im Jahr arbeitet ein Fensterputzer?

G1 Baden gehen

- Wie viele Personen müssten in das Schwimmbad steigen, damit der Wasserspiegel um 10 cm steigt?

Aktivitäten

- Alltagswissen einsetzen
- plausible Annahmen machen
- Ergebnisse überprüfen

spezifische Kompetenzen

- Grundvorstellungen zum Volumen vertiefen
- Rechnen mit Flächen und Rauminhalten und den zugehörigen Maßeinheiten üben

Methodische Anregungen

- Verschiedene Gefäße einschließlich Messgefäß mit in die Klasse bringen.
- Typische Fehler treten auf beim Umrechnen zwischen cm, dm und m sowie zwischen cm^3, dm^3 und m^3.

Mögliche Lösung

Anhaltspunkt ist zunächst nur das Foto – das liefert aber kaum verwertbare Informationen über die Größe eines Schwimmbads. Da ist Alltagswissen gefragt. Geht man zum Beispiel davon aus, dass das Schwimmbad 25 Meter lang und 10 Meter breit ist, dann bedeutet das Ansteigen des Wasserspiegels um 1 cm eine Vergrößerung des Volumens um $25\,m \cdot 10\,m \cdot 0{,}01\,m = 2{,}5\,m^3$. (Wie tief das Schwimmbad ist, spielt also *keine* Rolle.) Bleibt die Frage, wie viele Personen notwendig sind, um ein solches Volumen zu verdrängen. Man erkennt oder erinnert sich, dass Menschen ziemlich das gleiche spezifische Gewicht wie Wasser haben (sonst könnten sie ja nicht schwimmen). Eine Person mit einer Masse von 50 kg verdrängt daher etwa $50\,dm^3 = 0{,}05\,m^3$. Für die $2{,}5\,m^3$ sind also etwa 50 Personen erforderlich – immerhin.

Ein anderer Ansatz könnte sein, das Volumen eines Menschen geeignet durch bekannte geometrische Körper (Quader, Kreiszylinder) anzunähern – oder sein eigenes Volumen durch einen „Tauchversuch" in der Badewanne zu bestimmen. Eine Schülergruppe hat sich ganz eng zusammengestellt, um zu sehen, auf welcher Fläche sie stehen können – andere haben überlegt, wie viele Menschen sich nebeneinander auf den Boden des Schwimmbads legen könnten und wie hoch dann diese „Menschenschicht" wohl wäre ...

Zum Weiterdenken

Die Grundvorstellungen zu Kreis und Quadrat sowie zu Kreiszylinder und Quader werden in einem ähnlichen Kontext (runder Swimmingpool, Fülldauer des Beckens mit einem Gartenschlauch) vertieft und erweitert.

Dazu passende Aufgaben

C5 Flusspferd
C6 Tropfender Wasserhahn
G8 Schwimmzüge

Baden gehen G1

Anregungen für Schülerinnen und Schüler

Vielleicht helfen dir die folgenden Fragen:

- Wie lang, wie breit, wie tief ist das Schwimmbecken?
- Wie viele Liter Wasser verdrängt wohl eine Person?
- Wie schwer ist eine Person?
- Ist ein Mensch schwerer oder leichter als Wasser?
- 10 cm höherer Wasserstand – wie viele Liter Wasser wären das mehr?

G2 Beach-Volleyball

- Wie viel Sand wird benötigt, um ein Beach-Volleyball-Feld aufzuschütten?

Aktivitäten
- Alltagswissen einsetzen
- plausible Annahmen machen
- ggfs. Daten recherchieren
- Ergebnisse überprüfen

spezifische Kompetenzen
- Grundvorstellungen zu Flächeninhalten und Rauminhalten vertiefen
- Rechnen mit Flächen und Rauminhalten und den zugehörigen Maßeinheiten üben

Methodische Anregungen
- Sand, Messgefäß und Waage mit in die Klasse bringen.
- Es können Daten recherchiert werden (z. B. die Größe des Volleyballfelds; Gewicht von Sand; ...).
- Typische Fehler treten auf beim Umrechnen von cm in m und von m^3 auf kg. Gelegentlich wird die notwendige Tiefe der Sandschicht unterschätzt, ebenso wie die notwendige Fläche, und es wird übersehen, dass Sand deutlich schwerer als Wasser ist.
- Im Zusammenspiel mit G11 „Spielfeld-Kreide" können Längen- und Flächenbegriff voneinander abgegrenzt werden.

Mögliche Lösung
Die Maße eines Beach-Volleyball-Feldes sind 16 m mal 8 m.
Hinzu kommen an den Längsseiten je 3 m und an den Aufschlagseiten je 4 m.
Geht man etwa von einer Sandhöhe von 40 cm aus, ergibt sich als Sandvolumen
$V = 14\ \text{m} \cdot 24\ \text{m} \cdot 0{,}4\ \text{m} = 134{,}4\ \text{m}^3 \approx 150\ \text{m}^3$.
Bei einem spezifischen Gewicht des Sandes von etwa $3\ \text{g/cm}^3$ bedeutet das eine Masse von knapp 500 t. Nicht gerade das Leichteste...

Zum Weiterdenken
Passende Vergleiche und Veranschaulichungen vertiefen die Grundvorstellungen zu Rechteck und Quader (Wie viele LKW-Ladungen werden benötigt?). Die Schülerinnen und Schüler können verschiedene Quader-Packungen vergleichen und analysieren.

Dazu passende Aufgaben
G11 Spielfeld-Kreide

Hintergrundinformationen

Beachvolleyball ist eine Variante des klassischen Hallenvolleyballs, die in der Regel unter freiem Himmel gespielt wird. Die Regeln sind weitgehend gleich. Allerdings besteht eine Mannschaft nur aus zwei Spielern, und das Spielfeld ist kleiner: 16 m x 8 m (anstatt 18 m x 9 m). Als Bodenbelag wird eine mindestens 40 cm starke Schicht aus Sand mit 0,2 mm Durchmesser und abgerundetem Korn gefordert. Auch die Bälle unterscheiden sich von den üblichen Hallenvolleybällen: Sie sind wesentlich weicher, geschmeidiger und auch im Umfang größer.

Beach-Volleyball G2

Anregungen für Schülerinnen und Schüler

Vielleicht helfen dir die folgenden Fragen:

- Wie lang und wie breit ist das Spielfeld?
- Wie viel Meter rund um das Spielfeld müssen mindestens mit Sand bedeckt sein?
- Wie hoch muss die Sandschicht mindestens sein?
- Wie schwer ist wohl Sand, im Vergleich zu Wasser?
- Was wiegt also ein Kubikmeter Sand?

G3 Schreiben und Lesen

- Wie lange würdest du brauchen, um einen 1000 Seiten starken Roman zu schreiben?

Aktivitäten
- Alltagswissen einsetzen
- plausible Annahmen machen
- Daten recherchieren
- Ergebnisse überprüfen

Methodische Anregungen
- Stoppuhren und Bücher mit in die Klasse bringen, so können Daten erhoben werden (Buchstaben auf einer Romanseite zählen, Zeit zum Schreiben einer Zeile messen).
- Typisch ist, dass die Zeit für das Erfinden des Romans nicht berücksichtigt oder stark unterschätzt wird, ebenso die zeitliche Belastbarkeit beim täglichen Schreiben.

Mögliche Lösung
Die Zeit für das Schreiben einer Zeile kann man experimentell bestimmen – vielleicht rund 20 Sekunden. Bei 40 Zeilen pro Seite bedeutet das rund 800 Sekunden je Seite. Nun ja, ein wenig Überlegungszeit müsste man schon noch ansetzen, oder? Reichen da 10 Minuten für eine Seite? Gehen wir also von insgesamt 1400 Sekunden pro Seite aus, dann sind das für die 1000 Seiten 1400000 Sekunden ≈ 23000 Minuten ≈ 400 Stunden. Wenn man 8 Stunden am Tag schreibt (das wäre schon überaus kreativ...), dann sind das 50 Tage. Für Stiftwechsel usw. müssten wir vielleicht noch etwas hinzurechnen. Und hier und da auch mal ein Wochenende zwischendurch. Das wären dann runde zwei Monate – wenn man denn wirklich derartig schnell kreativ schreiben könnte...

Zum Weiterdenken
Aufbauend werden Fragen angeboten, die das Vertiefen der Grundvorstellungen zur Proportionalität anregen.

Dazu passende Aufgaben
G5 Graf- und Becker-Bälle
G8 Schwimmzüge
G9 Autogramme
G10 Fernsehen
G11 Spielfeld-Kreide
H5 Zahlen-Worte

Hintergrundinformationen

Zum Vergleich: Für die 766 Seiten von „Harry Potter and the Order of the Phoenix" (deutsch: Harry Potter und der Orden des Phönix, 1024 Seiten), des 5. Bandes der berühmten Harry-Potter-Reihe, brauchte die Autorin Joanne K. Rowling etwa drei Jahre, von 2000 bis 2003.

Beim 10-Finger-Tastaturschreiben gibt es unterschiedliche Geschwindigkeiten. Man kann von 150 bis 300 Anschlägen pro Minute ausgehen.

Schreiben und Lesen G3

Anregungen für Schülerinnen und Schüler

Vielleicht helfen dir die folgenden Fragen:

- Was meinst du, wie lange und wie oft schreibst du am Stück?
- Nimm einmal an, du hättest so viele Ideen, dass du nicht viel nachdenken müsstest, sondern einfach nur schreiben könntest.
- Wie viel passt eigentlich auf eine Romanseite?
  Und auf eine Seite deines Heftes?
- Wie viele Pausen muss man machen?
- Wie oft muss der Stift gewechselt werden?

G4 Riesen-Fußball

- Wie groß ist dieser „Riesen-Fußball“ auf dem Brocken?

Aktivitäten
- Alltagswissen einsetzen
- Daten recherchieren
- plausible Annahmen machen
- Ergebnisse überprüfen

Spezifische Kompetenzen
- Grundvorstellungen zum Volumen vertiefen
- Rechnen mit Rauminhalten und den zugehörigen Maßeinheiten üben

Methodische Anregungen
- Einen Fußball mit in die Klasse bringen.
- Typische Fehler treten beim Umrechnen von cm in m und von cm^3 auf m^3 auf.

Mögliche Lösung
Anhaltspunkt ist das Gebäude – geschätzt werden können die Höhe der Fenster und der Stockwerke. Geht man etwa von einer Stockwerkhöhe von gut 3 m aus (insbesondere bei den oberen Stockwerken), dann ergibt sich für den „Riesen-Fußball“ ein Durchmesser von rund 10 m.

Zum Weiterdenken
Hier geht es um das Erweitern der Grundvorstellungen zu Kreis und Quadrat sowie zu Kugel und Würfel. Das Vergleichen und Analysieren von verschiedenen Kreis- und Kugel-Packungen wird angeregt und ist auch ohne die Satzgruppe des Pythagoras möglich. Eine ähnliche Thematik wird in der Aufgabe G7 „Fußball-Fülle“ angesprochen. Beide Aufgaben zusammen eignen sich, um die Begriffe Flächeninhalt und Volumen voneinander abzugrenzen.

Dazu passende Aufgaben
A11 Luftballons im Klassenraum
B10 Riesenmund
B11 Schuhgröße
G6 WM-Fußballschuhe
G7 Fußball-Fülle
H4 Spiegelei

Hintergrundinformationen

Fußball: Umfang 68,5 cm bis 69,5 cm (FIFA), also Durchmesser etwa 22 cm
Fußballtor: Breite 7,32 m, Höhe 2,44 m (FIFA)

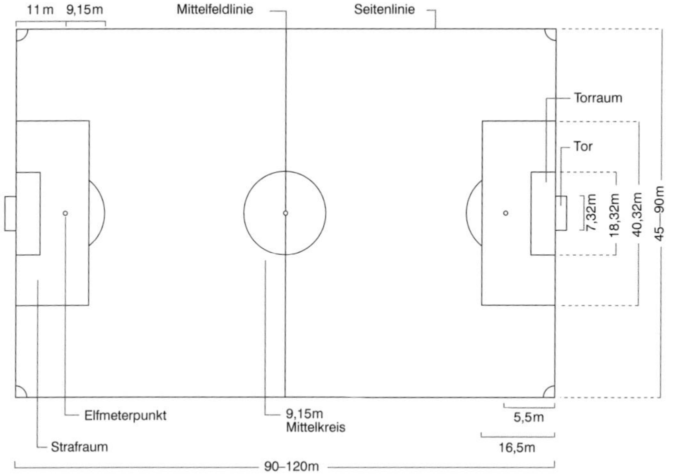

In ein Fußballtor passen rund 33 Bälle nebeneinander auf die Torlinie und rund 11 Bälle übereinander bis zur Torlatte, also ist bei 33 · 11 = 363 Bällen auf der Torlinie das Tor erst einmal „dicht" gepackt. (Mit etwas Sorgfalt kann man „auf Lücke" packen, dann ist Platz für noch etwas mehr Bälle – vgl. Aufgabe G7.) Bleibt die Frage, wie viele dahinter noch Platz haben, bis zum Tornetz. Gehen wir von einer Tiefe oben von 1 m und unten von 3 m aus, rechnen also im Mittel mit einer Tiefe von 2 m, dann passen im Schnitt jeweils 9 Bälle hintereinander. Auf diese Weise passen dann insgesamt 363 · 9 = 3267, also gut 3000 Bälle ins Tor.

Riesen-Fußball G4

Anregungen für Schülerinnen und Schüler

Vielleicht helfen dir die folgenden Fragen:

- Welche Hilfsgrößen kannst du aus dem Foto entnehmen?
- Wie groß ist eine Tür, ein Fenster, ein Stockwerk?

G5 Graf- und Becker-Bälle

- Wie viele Tennisbälle haben Steffi Graf oder Boris Becker wohl in ihrem Sportlerleben schon aufgehoben?

Aktivitäten

- Alltagswissen einsetzen
- Daten recherchieren
- plausible Annahmen machen
- Ergebnisse überprüfen

spezifische Kompetenzen

- Grundvorstellungen zur Durchschnittsbildung (Mittelwerte) vertiefen

Methodische Anregungen

- Die Aufgabe lässt sich leicht auf andere Sportler/Sportarten übertragen, so dass die Schülerinnen und Schüler sie nach ihren eigenen Interessen variieren können (vgl. auch die Fragen zum Weiterdenken).
- Zur Illustration kann ein Tennisball mitgebracht werden.

Zum Weiterdenken

Die weiteren Fragen vertiefen die Grundvorstellungen zur Proportionalität und sind mit ähnlichen Strategien lösbar.

Mögliche Lösung

Bei dieser Aufgabe sind viele – mehr oder weniger „mutige“ – Annahmen zu machen. Gehen wir einmal von 25 Jahren „Sportlerleben“ aus. Sie werden fast jeden Tag Tennis gespielt haben, mal im Training, mal im Wettkampf, mal mehr, mal weniger – vielleicht im Schnitt täglich 3 Stunden?
Wie oft muss man einen Ball während einer Stunde Training oder Spiel aufheben? Vielleicht 30-mal? Das macht dann insgesamt $25 \cdot 365 \cdot 3 \cdot 30 = 821\,000$ aufgehobene Bälle – immerhin, fast eine Million!

Dazu passende Aufgaben

B4 Händedruck
G3 Schreiben und Lesen
G8 Schwimmzüge
G9 Autogramme
G10 Fernsehen
G11 Spielfeld-Kreide

Hintergrundinformationen
Boris Becker wurde am 22. November 1967 geboren. 1980 siegten er und Steffi Graf beim Brühler Jüngsten Tennis Cup. 1997 erklärte Boris Becker seinen offiziellen Rücktritt von Wimbledon und den Grand Slam-Turnieren, er blieb aber „Freizeit-Profi“.
Steffi Graf wurde am 14. Juni 1969 geboren. 1973 schenkte der Vater ihr den ersten eigenen Tennisschläger und begann, sie zu trainieren. 1999 gab Steffi Graf ihren Rücktritt vom Profisport bekannt.

Quelle: http://www.dhm.de/lemo/html/biografien/BeckerBoris/index.html
http://www.dhm.de/lemo/html/biografien/GrafSteffi/index.html

Graf- und Becker-Bälle G5

Anregungen für Schülerinnen und Schüler

Vielleicht helfen dir die folgenden Fragen:
- Wie lange dauert ein Tennismatch?
- Wie oft muss man beim Tennisspiel einen Ball aufheben?
- Wie viele Jahre spielen Steffi Graf oder Boris Becker schon Tennis?
- Wie viel Zeit verbrachten sie im Schnitt täglich mit Tennisspielen?

G6 WM-Fußballschuhe

- Welche Schuhgröße hätten wohl diese Fußballstiefel?

Aktivitäten

- Alltagswissen einsetzen
- ggfs. Daten recherchieren
- mathematische Gesetzmäßigkeiten erkennen
- Ergebnisse überprüfen

Methodische Anregungen

- Fußballschuh mit in die Klasse bringen; Maßband; ggfs. Schuhgrößentabelle.

Mögliche Lösung

Zunächst geht es darum, den Zusammenhang zwischen der vertrauten Schuhgrößen-Angabe – die erfolgt bei uns meist im sogenannten „Pariser Stich“ – und der Länge des Fußes in cm zu erkunden. Dies kann experimentell erfolgen durch Zusammentragen verschiedener Messwertpaare (große und kleine Schuhe messen, auch als Hausaufgabe). Oder man fragt im Schuhgeschäft nach – mit etwas Glück bekommt man dort eine Übersicht.

Wenn man einander zugeordnete Werte für Schuhgröße und Fußlänge in einer Tabelle zusammenstellt, lässt sich erkennen, dass es sich wohl um eine recht einfache proportionale Zuordnung handelt, und zwar $y = \frac{3}{2}x$, wobei x die (Innen-)Schuhlänge und y die Schuhgröße bezeichnen. Für die (US-amerikanischen) Sportschuhgrößen ergibt sich eine (nicht ganz so „schöne“) lineare Funktion, und zwar für Männer (bei Frauen andere Werte!) näherungsweise $y \approx (7 \cdot x - 146) : 6 \approx 1{,}167 \cdot x - 24{,}3$, wobei x wieder die (Innen-)Schuhlänge und y die Schuhgröße bezeichnen.

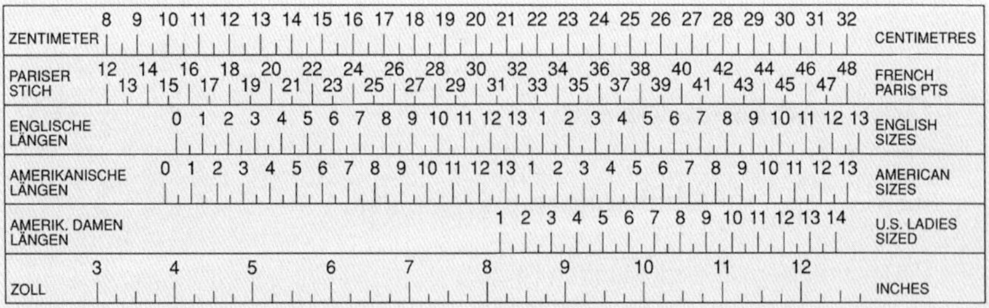

U. Sengebusch, Geseke

Bei der im Text angegebenen (Außen-)Länge von 14 Metern ergibt sich

$y = \frac{3}{2} \cdot 1400 = 2100$ (Pariser Stich) bzw.

$y \approx (7 \cdot 1400 - 146) : 6 = 1609$ (US-amerikanische Männer-Sportschuhgröße).

Diese Werte sind allerdings etwas zu groß, da die Außenlänge des Schuhs verwendet wurde (und nicht die Innenlänge). Ein Ergebnis ist dann: Die Schuhgröße beträgt etwas über 2000 (Pariser Stich) bzw. etwa 1600 (US-Männer-Größe).

Zum Weiterdenken

Die weiteren Fragen vertiefen die Grundvorstellungen zu Proportionalität und linearen Funktionen, zu Flächen- und Rauminhalt. Typische Fehlerquellen bei den Aufgaben zum Weiterdenken: Es wird gelegentlich nicht beachtet, dass die Lederfläche proportional zum *Quadrat* der Länge wächst und das Gewicht proportional zur *dritten Potenz* der Länge. Die Frage zur Länge der Schnürsenkel lässt sich übrigens – augenzwinkernd – ganz schnell beantworten: Dieser Schuh hat gar keine.

Dazu passende Aufgaben

B11 Schuhgröße
H3 Hermannsdenkmal
H6 Nagellack für den Riesenfuß
H1 Joghurt-Becher bis zum Mond

Hintergrundinformationen

Hinweis: Die Angaben im Internet zu Schuhgröße, Pariser Stich widersprechen sich teilweise.

WM-Fußballschuhe G6

Anregungen für Schülerinnen und Schüler

Vielleicht helfen dir die folgenden Fragen:

- Wie hängt die Länge der Schuhe mit der Schuhgröße zusammen? Miss bei dir und bei anderen nach.
- Informiere dich in einem Schuhgeschäft.
- Wie groß könnte die Person auf dem Foto in Wirklichkeit sein?

G7 Fußball-Fülle

- 142 000 Bälle auf dem Spielfeld – kann das stimmen?

Aktivitäten

- Alltagswissen einsetzen
- plausible Annahmen machen
- ggfs. Daten recherchieren
- Ergebnisse überprüfen

Methodische Anregungen

- Einen Fußball und mehrere gleich große kleinere Bälle mit in die Klasse bringen; ein Maßband und ggfs. die Zeichnung eines Spielfelds (s. G4) bereithalten.
- Die fehlenden Daten können auch selbst recherchiert werden (Größe eines Fußballs und Fußballfeld/Borussia-Park Mönchengladbach; LKW-Größe, ...).

Dazu passende Aufgaben

A11 Luftballons im Klassenraum
G4 Riesenfußball

Mögliche Lösung

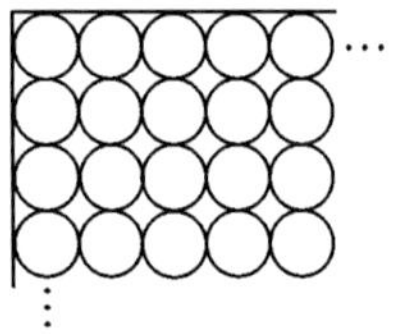

Maße des Fußballfelds in Mönchengladbach:
$110\,\text{m} \cdot 71\,\text{m} = 7810\,\text{m}^2$
Maße des Fußballs:
$U = 68\,\text{cm}$ bis $70\,\text{cm}$, also $d \approx 21{,}65$ bis $22{,}28\,\text{cm} \approx 22\,\text{cm}$
Bei der Anordnung links benötigt jeder Ball eine quadratische Grundfläche (die Bälle liegen nicht „auf Lücke").
Wie viele Bälle passen nebeneinander jeweils an die Querseite und an die Längsseite?
Längsseite: $110 : 0{,}22 = 500$; Querseite: $71 : 0{,}22 = 322{,}72...$
Damit passen $500 \cdot 322$ Bälle vollständig auf das Feld, also 161 000.

Bei einer anderen, nicht ganz so realistischen Variante teilt man einfach die Fläche des Spielfeldes durch die Fläche eines „Ball-Quadrats": $7810\,\text{m}^2 : 0{,}0484\,\text{m}^2 = 161\,363{,}...$
Es passen also etwa 160000 Fußbälle auf das Fußballfeld – genug Platz für die angegebenen 142000 Bälle.

Das Ergebnis kann je nach den recherchierten bzw. geschätzten Maßen variieren (siehe die Hintergrundinformationen): Was kommt heraus, wenn man die Maße für das Fußballfeld eher groß wählt und die Maße für den Fußball eher klein? Und umgekehrt?
Ein gelegentlich auftauchender Fehler ist, die Fläche des Fußballfeldes einfach durch die Querschnittsfläche des Balles zu dividieren.

Zum Weiterdenken
Hier geht es um das Erweitern der Grundvorstellungen zu Kreis und Quadrat sowie zu Kugel und Würfel. Das Vergleichen und Analysieren von verschiedenen Kreis- und Kugel-Packungen wird angeregt und ist auch ohne die Satzgruppe des Pythagoras möglich.

Hintergrundinformationen
Spielfläche: 68 m · 105 m = 7.140 m^2 Rasenfläche: 72 m · 111 m
Fußball: Umfang 68,5 cm bis 69,5 cm (FIFA)
Für den Transport werden etwa 20 bis 50 LKWs benötigt, je nach Größe der LKWs und Lagerung der Bälle. Übrigens: 320 Mitarbeiter waren 5:42:50 Stunden beschäftigt, die Bälle aufs Spielfeld zu platzieren. Wie lange würde ein Einzelner dafür benötigen? ...

Um den Anteil des Fußballfeldes, der nicht bedeckt ist, anzugeben, genügt es, die Fläche eines Kreises mit der Fläche des umbeschriebenen Quadrats zu vergleichen:
$(\pi \cdot r^2) : (2 \cdot r)^2 = \pi : 4 = 0{,}7853...$

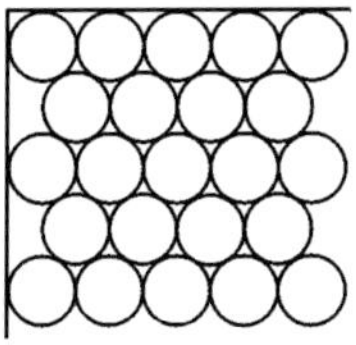

Bei der oben gewählten Anordnung bleibt also etwa 21 % der Fläche unbedeckt. Wenn man die Bälle „auf Lücke“ setzt, dann passen mehr Bälle auf das Fußballfeld. Bei einer solchen Anordnung ergeben sich gleichseitige Dreiecke mit der Seitenlänge d (s. rechts). Ihre Höhe ergibt sich – durch Zeichnen bzw. Ausprobieren und dann Messen eines Näherungswertes – zu $h \approx 0{,}87 \cdot d$. (Der Satz des Pythagoras würde übrigens $h^2 + (d/2)^2 = d^2$, also $h = (d\sqrt{3})/2 = d \cdot 0{,}866...$ liefern.)

Die erste Reihe ist d hoch, die zweite (und jede weitere) benötigt dann nur noch $(d\sqrt{3})/2$ zusätzlich, allerdings passt ggf. ein Ball weniger in die Reihe. So gelingt es schließlich, noch mehr als die oben berechneten etwa 160 000 Bälle anzuordnen.
Übrigens: Die Bienen nutzen genau dieses Prinzip, um ihre sechseckigen Waben optimal „auf Lücke“ zu packen!

Fußball-Fülle G7

Anregungen für Schülerinnen und Schüler

Vielleicht helfen dir die folgenden Fragen:
- Wie lang und wie breit ist ein Fußballfeld?
- Wie groß ist ein Fußball?
- Wie wurden die Fußbälle aneinandergereiht?

G8 Schwimmzüge

- Wie viele Schwimmzüge hat Kirsten Seidel dabei wohl gemacht?

Leute, Leute

Die Dresdner Schwimmerin Kirsten Seidel (38) hat als erste Deutsche gestern den Fehmarnbelt durchschwommen. Die 38-Jährige brauchte für die rund 20 Kilometer lange Distanz vom dänischen Rødby bis zur Inseln Fehmarn rund neun Stunden. Der bisherige Rekord der Frauen lag bei über elf Stunden.

Mitteldeutsche Zeitung, 18.08.2003

Aktivitäten

- Alltagswissen einsetzen
- plausible Annahmen machen
- ggfs. Daten recherchieren

Methodische Anregungen

- Die Aufgabe lässt sich mit elementaren Vorstellungen von proportionalen Zusammenhängen bearbeiten. Die Schülerinnen und Schüler gehen dabei von ihren eigenen Erfahrungen (ggfs. Hinweis auf die Bahnlänge im Schwimmbad) aus.

Mögliche Lösung

Gute Leistungsschwimmer schaffen mit einem Zug ungefähr 3 bis 4 Meter. Für 20 km benötigt man dann zwischen 5000 und 7000 Schwimmzüge.
Andererseits geht man beim Leistungsschwimmen über größere Distanzen von etwa 30 Schwimmzügen pro Minute aus. In den 9 Stunden kommt man dann auf $9 \cdot 60 \cdot 30 \approx 16000$ Schwimmzüge.

Zum Weiterdenken

Die weiteren Fragen vertiefen die Grundvorstellungen zur Proportionalität.

Dazu passende Aufgaben

G3 Schreiben und Lesen
G5 Graf- und Becker-Bälle
G9 Autogramme
G10 Fernsehen
G11 Spielfeld-Kreide

Schwimmzüge G8

Anregungen für Schülerinnen und Schüler

Vielleicht helfen dir die folgenden Fragen:

- Wie viele Schwimmzüge macht sie in einer Minute?
- Wie viele Schwimmzüge braucht sie für eine Bahn im Schwimmbad?
- Wie lang ist eine Bahn im Schwimmbad?

G9 Autogramme

- Wie viele Autogramme gibt dein Lieblings-Star im Jahr?

Aktivitäten

- Alltagswissen einsetzen
- plausible Annahmen machen
- Ergebnisse überprüfen

Methodische Anregungen

- Vorab kann eine Umfrage zum Thema „Lieblings-Star" durchgeführt und ausgewertet werden.

Mögliche Lösung

Eigentlich kennen sich die Schülerinnen und Schüler bezüglich der Daten bei Ihren Lieblings-Stars gut aus. Doch um die Anzahl der Autogramme pro Jahr zu schätzen, muss man doch eine Reihe – mehr oder weniger „mutiger" – Annahmen machen. Das erweist sich nicht immer als ganz leicht, und erfahrungsgemäß sind manche der Schülerannahmen wenig realistisch.
Ein möglicher Lösungsansatz ist, die Gelegenheiten für Autogramme durchzugehen und ihre jeweilige Anzahl pro Jahr sowie die entsprechende Anzahl der Autogramme zu schätzen, zum Beispiel:

20 Autogrammstunden à 200 Autogramme	4000
10 Konzerte à 100 Autogramme	1000
4000 Bestellungen im Online-Shop	4000
Erkanntwerden auf der Straße usw.	1000

Insgesamt also rund 10000 Autogramme im Jahr.
Dabei kommt es natürlich *sehr* darauf an, wie berühmt der Star ist!

Zum Weiterdenken

Die weiteren Fragen vertiefen die Grundvorstellungen zur Proportionalität.

Dazu passende Aufgaben

B4 Händedruck
F3 Die Post ist da
F4 Auto kaputt
G3 Schreiben und Lesen
G5 Graf- und Becker-Bälle
G8 Schwimmzüge
G10 Fernsehen
G12 Treppen-Rennen

Autogramme G9

Anregungen für Schülerinnen und Schüler

Vielleicht helfen dir die folgenden Fragen:

- Wer ist dein/euer Lieblings-Musik-Star?
- Wie viele Fans kommen zu einem Konzert?
- Wie viele der Fans warten anschließend auf ein Autogramm?
- Wie viele Konzerte gibt dein Lieblings-Musik-Star im Jahr?
- Welche Möglichkeiten gibt es, an ein Autogramm zu kommen?

G10 Fernsehen

- Wie viele Stunden verbringen alle Schülerinnen und Schüler deiner Schule im Jahr vor dem Fernseher?

Aktivitäten
- Alltagswissen einsetzen
- plausible Annahmen machen
- Ergebnisse überprüfen

spezifische Kompetenzen
- Grundvorstellungen zu Zeiteinheiten vertiefen
- Umrechnen von Zeiteinheiten üben
- Grundvorstellungen zur Durchschnittsbildung (Mittelwerte) vertiefen

Methodische Anregungen
- Die Aufgabe regt eine Umfrage zum Thema Freizeit an: Fernsehen, Hausaufgaben, Internet, Disco, ...
- Es können über einen Zeitraum individuell Daten erhoben werden („Wie lange schaue ich in der Woche fern?").

Mögliche Lösung

Geht man von täglich 2 Stunden aus (das ist eher niedrig angesetzt), dann ergeben sich im Jahr bei 500 Schülerinnen und Schülern an einer Schule insgesamt $2 \cdot 365 \cdot 500 \approx 400000$ Stunden.

Zum Weiterdenken

Die weiteren Fragen vertiefen die Grundvorstellungen zur Proportionalität.

Dazu passende Aufgaben

A8 Masse in der Klasse
A11 Fahrräder
A12 Schulweg
G3 Schreiben und Lesen
G5 Graf- und Becker-Bälle
G8 Schwimmzüge
G9 Autogramme
G11 Spielfeld-Kreide

Fernsehen G10

Anregungen für Schülerinnen und Schüler

Vielleicht helfen dir die folgenden Fragen:

- Wie viele Stunden verbringst du selbst am Tag vor dem Fernseher?
- Wie viele Stunden mindestens, wie viele höchstens?
- Wie ist das an einem Wochentag, am Wochenende, in den Ferien?
- Wie ist das bei deinen Mitschülerinnen und Mitschülern?
- Wie ist das bei den Jüngeren? Wie ist das bei den Älteren?
- Wie viele Klassen hat deine Schule?

G11 Spielfeld-Kreide

- Wie viel Kreide wird benötigt, um alle Spielfelder an einem Bundesliga-Fußball-Wochenende zu markieren?

Aktivitäten
- Alltagswissen einsetzen
- plausible Annahmen machen
- ggfs. Daten recherchieren
- Ergebnisse überprüfen

Methodische Anregungen
- Eine Übersicht eines Fußballfeldes kann als Kopiervorlage bereitgestellt werden, vgl. Hintergrundinformationen zu G4 „Riesenfußball".

Zum Weiterdenken
Die weiteren Fragen vertiefen die Grundvorstellungen zur Proportionalität.

Dazu passende Aufgaben
G3 Schreiben und Lesen
G5 Graf- und Becker-Bälle
G8 Schwimmzüge
G9 Autogramme
G10 Fernsehen

Mögliche Lösung

Seitenlinien	$\approx 2 \cdot 105$ m	≈ 210 m
Torlinien	$\approx 2 \cdot 70$ m	≈ 140 m
Torraum	$2 \cdot (2 \cdot 5{,}5 + 2 \cdot 5{,}5 + 7{,}32)$ m	≈ 60 m
Strafraum	$2 \cdot (2 \cdot 16{,}5 + 2 \cdot (5{,}5 + 11) + 7{,}32)$ m	≈ 150 m
Elfmeterlinie	$\approx 2 \cdot 7$ m	≈ 15 m
Mittellinie		≈ 70 m
Mittel-/Anstoßkreis	$\approx 2 \cdot 3{,}14 \cdot 9{,}15$ m	≈ 60 m
Mittelpunkt, Eckpunkte, Elfmeterpunkte		≈ 5 m

Insgesamt ergeben sich gut 700 Meter Kreidelinie pro Fußballfeld.
Die Kreidelinien sind 12 cm breit. Damit ergibt sich eine Fläche von etwa 900 m^2.
Bei 9 Spielen je Bundesliga-Fußball-Wochenende sind das rund 8000 m^2.
Was wiegt nun diese Kreide? Keine ganz leichte Frage.
Hier gibt es verschiedene Ansätze.

1. Weg: Wir nehmen die Tafelkreide und probieren aus, für welche Fläche ein Kreidestück ausreicht. Oder wie viel ein Kreidestrich wiegt. Unser Experiment lieferte für einen Strich von 12 mm Breite und 1 m Länge etwa 60 g. Das bedeutet $60\,g : (12\,mm \cdot 1\,m) = 60\,g : (1{,}2\,cm \cdot 100\,cm) = 60\,g : (120\,cm^2) = 0{,}5\,g/cm^2$. Hochgerechnet auf die $8000\,m^2$ ergibt das $8000 \cdot 10000 \cdot 0{,}5\,g = 40000\,kg = 40\,t$. Ganz schön schwer.
2. Weg: Wie dick wird wohl die Kreideschicht sein? Vielleicht 0,5 mm? Dann ergibt sich als Kreidevolumen $8000\,m^2 \cdot 0{,}0005\,m = 4\,m^3$. Das spezifische Gewicht von Kreide ermitteln wir der Einfachheit halber durch Vermessen und Wiegen der Schulkreide – unser Experiment lieferte etwa $0{,}7\,g/cm^3$. Daraus ergibt sich für die Masse der Bundesliga-Fußball-Wochenende-Kreide $4 \cdot 100^3 \cdot 0{,}7\,g = 2\,800\,000\,g = 2800\,kg \approx 3\,t$. Immerhin...
Übrigens: Wer Kreide etwa mit Calciumcarbonat, $CaCO_3$, gleichsetzt, erhält als Dichte $2{,}93\ g/cm^3$. Allerdings bezieht sich dieser Wert auf den einkristallinen Festkörper, passt also nicht für unser Problem.
Auch unsere obigen Werte sind durchaus noch fraglich – denn der Kreidestrich an der Tafel und der Kreidestrich auf dem Fußballfeld sind nicht einfach dasselbe.

Hintergrundinformationen
Ausführliche Informationen zu den Themen Fußball und Kreide (Calciumcarbonat) finden Sie bei de.wikipedia.org. Heute wird übrigens zunehmend Flüssig-Kreide zur Markierung verwendet.

Spielfeld-Kreide G11

Anregungen für Schülerinnen und Schüler

Vielleicht helfen dir die folgenden Fragen:
- Wie viele Spiele finden an einem Fußball-Wochenende statt?
- Wie oft wird das Spielfeld neu markiert?
- Wie groß ist ein Fußball-Spielfeld?
- Welche Linien müssen markiert werden?
- Wie lang sind diese Linien?
- Wie breit sind diese Linien?
- Wie viel Kreide braucht man für $1\,cm^2$ Kreidefläche?

G12 Treppen-Rennen

- Wie viele Treppenstufen bist du in deinem Leben schon hinauf- und hinuntergestiegen?

Aktivitäten

- Alltagswissen einsetzen
- plausible Annahmen machen
- Ergebnisse überprüfen

spezifische Kompetenzen

- Rechnen mit großen Zahlen

Methodische Anregungen

- Man kann die Aufgabe etwas vereinfachen, wenn man den Zeitraum auf eine Woche, einen Monat oder ein Jahr begrenzt.

Mögliche Lösung

Hier kommt es natürlich sehr auf die persönlichen Umstände an. Wer in einem Hochhaus wohnt und als Training nur das Treppenhaus benutzt, kommt auf ganz andere Zahlen als jemand, der im Erdgeschoss wohnt... Wie viele Treppenstufen sind in der Schule zurückzulegen? Wenn der Klassenraum im ersten Stock ist, dann sind das vielleicht 15 Stufen. Die sind in jeder Pause einmal rauf und wieder runter zurückzulegen. Und morgens und mittags. Dann vielleicht noch die Treppen zuhause – viermal am Tag? So kommen leicht 200 Stufen am Tag zusammen. Oder mehr oder weniger, je nachdem. Täglich 200 Stufen bedeuten vielleicht 500000 Stufen im Jahr – schließlich ist nicht jeden Tag Schule. Das macht in 10 Jahren schon 5 Mio. Stufen. Nicht schlecht.

Zum Weiterdenken

Die weiteren Fragen vertiefen die Grundvorstellungen zur Proportionalität.

Dazu passende Aufgaben

B1 Weite Wege
B3 Hmmm, wie lecker
B8 Herzschlag
G3 Schreiben und Lesen
G5 Graf- und Becker-Bälle
G8 Schwimmzüge
G9 Autogramme
H11 Joghurt-Becher bis zum Mond
H12 Marmeladenbrote

Hintergrundinformationen

Der wohl erste Treppenwettlauf fand am 26. November 1905 in Paris statt. Die vielen Stufen des Eiffelturms (es sind 347 Stufen bis zur ersten Plattform und 674 bis zur zweiten Plattform) lockten zum Wettrennen, das die Zeitung „Miroir des Sports" veranstaltete. Mittlerweile finden in vielen Wolkenkratzern Treppenrennen statt. Berühmt sind der Lauf in New York und das Rennen im derzeit höchsten Gebäude der Welt, dem Taipeh 101. (Das Gebäude, benannt nach seinen 101 Stockwerken, ist 508 Meter hoch. Es sind 2046 Stufen zu erklimmen. Beim Rennen am 12. 10. 2006 siegte der Australier Paul Crake mit 10 Minuten und 31 Sekunden.)

surftipp

Eine gute Übersicht zu Treppenrennen und Daten zu verschiedenen Türmen bietet die Seite **www.towerrunning.com**

Treppen-Rennen G12

Anregungen für Schülerinnen und Schüler

Vielleicht helfen dir die folgenden Fragen:

- Wann und wo musst du Treppen steigen?
- Wie viele Stufen haben übliche Treppen?
- Gibt es und gab es besondere Situationen, wo du sehr viele Treppenstufen hinauf- und hinuntergestiegen bist?

- Wie viel Stoff wäre für ein T-Shirt nötig?

Aktivitäten
- Alltagswissen einsetzen
- plausible Annahmen machen
- Ergebnisse überprüfen

spezifische Kompetenzen
- Grundvorstellungen zu Flächen vertiefen

Methodische Anregungen
- T-Shirts in verschiedenen Größen und ein Maßband in die Klasse mitbringen.

Mögliche Lösung
Anhaltspunkt sind die Personen auf dem Foto – geschätzt werden kann die Breite und Höhe der Nana-Figur. Vielleicht ergibt sich als Höhe etwa 2m und als Breite oben 2m und unten etwa 3m. Diese Nana ist schon reichlich ausladend, und das Nana-T-Shirt muss entsprechend großzügig bemessen werden. Stellen wir uns ein etwa trapezförmiges T-Shirt vor, dann muss es oben etwa 3m breit sein und unten etwa 4,5m, damit es „rumpasst", und es muss etwa 3 m lang sein. Der Flächeninhalt eines solchen Trapezes berechnet sich zu $\frac{3\,\text{m} + 4{,}5\,\text{m}}{2\,\text{m}} \cdot 3\,\text{m} \approx 11\,\text{m}^2$. Da wir Stoff für Vorder- und Rückseite brauchen, außerdem noch etwas für die Ärmel (zumindest ansatzweise...), ergeben sich ungefähr 25 m^2. Oder etwas mehr. Oder etwas weniger...

Zum Weiterdenken
Mit den Aufgaben werden die Grundvorstellungen zur Proportionalität erweitert. Mögliche Fehlerquelle: Es wird gelegentlich nicht beachtet, dass die Breite des T-Shirts dem halben *Umfang* der Figur entsprechen muss – tatsächlich muss die T-Shirt-Breite mindestens das Anderthalbfache des Durchmessers betragen. Dass die T-Shirt-Fläche proportional zum *Quadrat* der Länge bzw. der Breite wächst, wird ebenfalls leicht übersehen.

Dazu passende Aufgaben
B9 Puppentheater
B10 Riesenmund
B11 Schuhgröße
G6 WM-Fußballschuhe
H3 Hermannsdenkmal
H4 Spiegelei
H6 Nagellack für den Riesenfuß

Hintergrundinformationen

Für T-Shirt-Übergrößen finden sich je nach Hersteller sehr unterschiedliche Angaben, die auch in sich keineswegs immer eine klare Konstruktionsvorschrift erkennen lassen. Hier zum Beispiel eine Tabelle für ein spezielles Fan-T-Shirt:

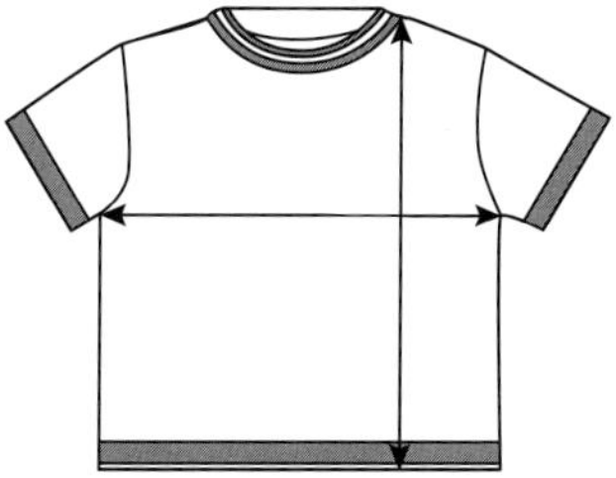

Größe	M	L	XL	XXL	2XL	3XL	4XL	5XL	6XL	7XL	8XL
1/2 Brustum fang in cm	56	59	62	65	70	74	78	82	86	90	94
Länge in cm	71	71	77	80	86	88	90	92	94	96	98

Nach: http://www.koka36.de/fan-tastic/artikeldetails.php?ArtikelExtID=4935

Nehmen wir vielleicht einmal an, dass für jedes zusätzliche X der halbe Brustumfang um 4cm und die Länge um 2cm wächst. Dann würde unser oben bestimmtes T-Shirt bei einer Länge von 3m etwa auf die Größe „*k*XL" kommen, wobei $k \approx (300 - 82)/2 = 109$. Andererseits, bei einer Breite von (unten) etwa 4,5m, würde sich die Größe „*m*XL" ergeben, wobei $m \approx (450–62)/4 = 97$. Beim Kauf könnte man mit den Regalen in der Nähe von 100XL beginnen... und sich nach einer geeigneten Änderungsschneiderei umschauen.

Starke Frauen H1

Anregungen für Schülerinnen und Schüler

Vielleicht helfen dir die folgenden Fragen:

- Wie breit ist der Oberkörper dieser Nana-Figur?
- Wie hoch ist der Oberkörper dieser Nana-Figur?
- Welchen Umfang hat der Oberkörper dieser Nana-Figur?
- Welche Maße hat ein normales T-Shirt?
- Wie groß sind etwa die Personen auf dem Bild?

H2 Harry Potter – na und ...

- Wie oft kommt das Wort „und“ im ersten Band von Harry Potter vor?

Aktivitäten

- Alltagswissen einsetzen
- plausible Annahmen machen
- Daten recherchieren
- Ergebnisse überprüfen

spezifische Kompetenzen

- Rechnen mit Anzahlen und großen Zahlen
- Grundvorstellungen zur Durchschnittsbildung (Mittelwerten) vertiefen

Methodische Anregungen

- Harry-Potter-Bände mitbringen lassen.
- Wird die Aufgabe über mehrere Tage bearbeitet, können Daten genauer recherchiert werden.

Mögliche Lösung

Man kann auf einer Seite, besser noch auf mehreren Seiten, stichprobenartig die Anzahl der „und“ auszählen und daraus die durchschnittliche Häufigkeit pro Seite schätzen. Für die Seiten 5, 35, 77, 95, 113, 165, 207, 219, 295 und 335 hat eine Schülerin zum Beispiel die Häufigkeiten 8, 9, 3, 7, 9, 3, 5, 11, 3 bzw. 2 gezählt, woraus sich im Durchschnitt 6 „und“ je Seite ergab. (Dieselbe Häufigkeit ergab sich übrigens auch für den 2. Band der Harry-Potter-Reihe.) Hochgerechnet auf die 335 Seiten des ersten Bandes „Harry Potter und der Stein der Weisen“ ergibt sich als Schätzung für die Anzahl des Wortes „und“ etwa 2000.

Zum Weiterdenken

Die Aufgaben zum Weiterdenken vertiefen die Grundvorstellungen zur Proportionalität.

Dazu passende Aufgaben

B2 So viel Sprache
G3 Schreiben und Lesen
H5 Zahlen-Worte

Hintergrundinformationen

Für Mathematik-Schulbücher ergeben sich in der Regel deutlich geringere Anzahlen des Wortes „und" je Seite, meist zwischen 3 und 4.

Für die Anzahl der Satzzeichen bei den beiden ersten Harry-Potter-Bänden ergab eine Stichprobe etwa 43 Satzzeichen je Seite.

Man kann auch von einem Buch auf die ganze Auflage hochrechnen lassen: Der erste Band „Harry Potter and the Philosopher's Stone" erschien am 26. Juni 1997 im Bloomsbury-Verlag, mit einer Auflage von 500 Stück. Die deutsche Übersetzung „Harry Potter und der Stein der Weisen" erschien 1998 im Carlsen Verlag, Startauflage 8000 Exemplare.

Harry Potter – na und … H2

Anregungen für Schülerinnen und Schüler

Vielleicht helfen dir die folgenden Fragen:

- Wie oft kommt das Wort auf der ersten Seite vor? Wie oft auf der letzten? Wie oft auf der Seite 111?
- Wie viele Seiten hat das Buch?
- Gibt es Seiten, auf denen „und" besonders selten vorkommt?
- Gibt es Seiten, auf denen „und" besonders häufig vorkommt?

H3 Hermannsdenkmal

- Wie viel Stoff benötigt man für dieses Trikot?

© A. Karger, H. Kuhlfuß

Aktivitäten

- Alltagswissen einsetzen
- plausible Annahmen machen
- Ergebnisse überprüfen

spezifische Kompetenzen

- Grundvorstellungen zu Längen und Flächen vertiefen
- Rechnen mit Flächeninhalten

Methodische Anregungen

- T-Shirts in verschiedenen Größen – L, XL, XXL – in die Klasse mitbringen; Maßband bereithalten, evtl. die Übersicht zu den T-Shirt-Größen von H1 „Starke Frauen“ kopieren.
- Typische Fehlerquelle ist ein rein proportionaler Ansatz zwischen Körpergröße und benötigter Stoff-Fläche – damit würde sich eine Fläche von nur etwa 20 m^2 ergeben.

Mögliche Lösung

Ausgangspunkt ist die Angabe über die Höhe des Denkmals. Allerdings: Beziehen sich die angegebenen 26 m auf die Höhe bis zur Schwertspitze – oder bis zur Helmspitze? Tatsächlich bezieht sich die Angabe auf die Höhe bis zur Schwertspitze – es ist nahe liegend, dass man bei einer solchen Angabe eher den größeren Wert wählen wird (dies bestätigt auch eine Recherche, siehe unten). Aus dem Foto lässt sich abschätzen, dass die Figur „von Kopf bis Fuß“ etwa $\frac{5}{8} \cdot 26\text{m} \approx 17$ m misst, also die rund 10-fache Menschengröße hat. Für ein normales Trikot werden etwa 2 m^2 Stoff benötigt, für dieses Arminius-Trikot das $10 \cdot 10$-Fache (Fläche!), also rund 200 m^2.

Zum Weiterdenken

Ein Erweitern der Grundvorstellungen zur Proportionalität wird durch die verschiedenen Aufgaben angeregt. Die Frage nach der T-Shirt-Größe entspricht der Frage H1 „Starke Frauen“.

Hintergrundinformationen

Die Figur besteht aus einer Eisenrohrkonstruktion, die Oberfläche aus Kupferplatten. Sie hat eine Gesamthöhe von 26,57 m. Das Schwert misst 7 m und wiegt etwa 550 kg. Immerhin hat diese „Einkleidung" der Hermannsfigur zu einem Eintrag in das Guinness-Buch der Rekorde geführt.

In einem anderen Zeitungsartikel stand übrigens:

> In mehr als 50 Metern Höhe zog und zerrte der Schneider am 10000-Mark-Teil, bis es saß. Zum Glück war wenig Wind. Nach 90 Minuten schweißtreibender Arbeit sitzt das Trikot wie angegossen. 20 Meter Reißverschluss, hunderte Meter Faden und 180 Quadratmeter Fahnenstoff hüllen den riesigen Oberkörper ein – für drei Wochen, vielleicht auch länger.

Dazu passende Aufgaben

B9 Puppentheater
B10 Riesenmund
B11 Schuhgröße
G6 WM-Fußballschuhe
H1 Starke Frauen
H4 Spiegelei
H6 Nagellack für den Riesenfuß

Hermannsdenkmal H3

Anregungen für Schülerinnen und Schüler

Vielleicht helfen dir die folgenden Fragen:

- Lies den Text der Zeitungsmeldung.
- Wie lang ist ein Mensch, der ein Schwert nach oben streckt?
- Wie lang, wie breit ist ein normales Trikot?
- Wie lang, wie breit ist das Trikot für das Hermannsdenkmal?
- Überlege: Wenn es zweimal so lang und zweimal so breit wie ein normales Trikot wäre, wie viel mal so groß wäre dann die Fläche des Riesen-Trikots?

H4 Spiegelei

- Wie groß wäre das „Huhn“, das zu diesem „Spiegelei“ passt?

Aktivitäten
- Alltagswissen einsetzen
- plausible Annahmen machen
- Ergebnisse überprüfen
- ggfs. Daten recherchieren (Wie groß ist ein Huhn?)

spezifische Kompetenzen
- Grundvorstellungen zu Größen vertiefen

Methodische Anregungen
- Die Schülerinnen und Schüler können die fehlenden Daten in der Regel ihrem Alltagswissen entnehmen. Man kann auch ein (gekochtes) Ei, ein Maßband und Informationen über Hühner mit in die Klasse bringen.
- Wird die Aufgabe über mehrere Tage bearbeitet, können Daten recherchiert werden: Durchmesser beim normalen Spiegelei; Größe eines normalen Huhns.

Mögliche Lösung
Anhaltspunkt sind die beiden Personen direkt hinter dem „Spiegelei“, die als Maßstab dienen. Mit etwas Mut lässt sich der Durchmesser des „Spiegel-Eigelbs“ zu rund 1 m schätzen, der Durchmesser für das gesamte „Spiegelei“ zu etwa 3 bis 4 m.
Ein übliches Spiegelei in der Pfanne hat einen Durchmesser von insgesamt etwa 15 cm, das Eigelb hat einen Durchmesser von etwa 6 cm. Dieses Ei stammt von einem normalen Huhn, das ungefähr 40 cm groß ist.
Für die Größe des „Riesen-Huhns“ ergibt sich damit $40\,\text{cm} \cdot \frac{3{,}50\ \text{m}}{15\ \text{cm}} \approx 10\,\text{m}$.

Zum Weiterdenken
Ziel der Weiterführenden Aufgaben ist das Vertiefen der Grundvorstellungen zur Proportionalität sowie das Erweitern der Grundvorstellungen zu Kreis und Kugel.

Dazu passende Aufgaben
B9 Puppentheater
B10 Riesenmund
B11 Schuhgröße
G4 Reisenfußball
G6 WM-Fußballschuhe
H1 Starke Frauen
H6 Nagellack für den Riesenfuß

Spiegelei H4

Anregungen für Schülerinnen und Schüler

Vielleicht helfen dir die folgenden Fragen:

- Wie groß ist ein Hühnerei?
- Wie groß ist etwa ein normales Spiegelei?
- Wie groß ist dieses „Spiegelei“?
- Wie groß ist ein Huhn?

H5 Zahlen-Worte

- Weltrekord: Schreiben von Zahlen in Worten.
  Können die Zahlen in dem Text stimmen?

Aktivitäten

- Alltagswissen einsetzen
- plausible Annahmen machen
- Daten recherchieren
- Ergebnisse überprüfen

spezifische Kometenzen

- Rechnen mit großen Zahlen
- Überschlagen

Methodische Anregungen

- Der Artikel bezieht sich auf englische Zahlwörter. Die Schülerinnen und Schüler können englische Zahlwörter einiger aufeinanderfolgender Zahlen aus verschiedenen Größenbereichen (von 0 bis 10, von 10 bis 100, von 100 bis 1000, ...) aufschreiben. So erkennen sie leichter den Aufbau der Wörter und können die Zunahme der Buchstaben im Wort bei jeder Zehnerpotenz besser einschätzen.

Mögliche Lösung

Ein ausführliches Lösungsbeispiel finden Sie auf der folgenden Doppelseite.

Zum Weiterdenken

Die Aufgaben dienen dem Vertiefen der Grundvorstellungen zur Proportionalität. Der Vergleich mit deutschen Zahlwörtern bietet sich an (vgl. Anregungen für Schülerinnen und Schüler).

Dazu passende Aufgaben

G3 Schreiben und Lesen
G5 Graf- und Becker-Bälle
G8 Schwimmzüge
G9 Autogramme
G10 Fernsehen
G11 Spielfeld-Kreide
H12 Marmeladenbrote

Hintergrundinformationen

Zum Vergleich: Für die 766 Seiten von „Harry Potter and the Order of the Phoenix" (deutsch: Harry Potter und der Orden des Phönix, 1024 Seiten), des 5. Bandes der berühmten Harry-Potter-Reihe, brauchte die Autorin Joanne K. Rowling etwa drei Jahre, von 2000 bis 2003. Allerdings hat sie dabei immer wieder mal nachdenken müssen...

Zahlen-Worte H5

Anregungen für Schülerinnen und Schüler

Vielleicht helfen dir die folgenden Fragen:

- Wie viele Buchstaben ergeben sich, wenn man in Worten bis 10, bis 100, bis 1000, bis 10 000, bis 100 000, bis ... zählt?
- Welche Unterschiede gibt es zwischen den deutschen und den englischen Zahlworten?
- Wie viele Buchstaben passen auf eine Zeile? ... auf eine Seite?
- Wie lange braucht ihr, um eine Zeile zu schreiben?
- Wie viele Buchstaben kann man pro Minute schreiben?

Beispiel für eine Lösung

Einige Angaben der Meldung lassen sich schlicht nachrechnen: 16 Jahre und sieben Monate sind etwa $16 \cdot 365 + 210 = 6050$ Tage. Bei 19890 beschriebenen Seiten bedeutet das pro Tag $19890 : 6050 = 3{,}28...$ Seiten – die Angabe „pro Tag durchschnittlich drei Seiten" stimmt also.

Kann es ansonsten überhaupt stimmen?

Die Zeit für das Schreiben einer Zeile mit einer PC-Tastatur kann man experimentell bestimmen – das hängt natürlich sehr davon ab, wie gut man das beherrscht. Vielleicht benötigt man für die rund 100 Buchstaben in einer Zeile ungefähr 60 Sekunden, also knapp zwei Buchstaben je Sekunde? Immerhin muss man dieses Tempo ja auf die Dauer durchhalten können. Und hier und da ein wenig Überlegungs- und Korrekturzeit müsste man schon noch ansetzen... Also 1 Minute für 100 Buchstaben, ungefähr.

Die Zahlen von 1 bis 10, in Worten geschrieben, also von „one" bis „ten", bedeuten 39 Buchstaben, zuzüglich 10 Kommata und 10 Leertasten, das bedeutet rund 60 Anschläge. Was ist mit den Zahlen von 11 bis 99, also von „eleven" bis „ninety-nine" und „one hundred"? Das sind erst einmal 9-mal so viele, außerdem haben sie jeweils deutlich mehr als doppelt so viele Buchstaben. Wir schätzen dafür also mindestens $20 \cdot 60 = 1200$ Anschläge. Für die Zahlen von 101 bis 200, also von „one hundred and one" bis „one hundred and ninety-nine" und „two hundred" schätzen wir mindestens 3000 Anschläge, genauso für jede der folgenden Hunderter bis hin zu „one thousand". Für die Zahlen von 1 bis 1000 kommen wir damit auf ungefähr 30000 Anschläge.

Wie geht es weiter? Bei dem nächsten Tausender kommt zu jeder der bereits geschriebenen Zahlen noch „one thousand and " dazu – jedes Mal. Das sind zusätzlich noch etwa $1000 \cdot 17 = 17\,000$ Anschläge , zusammen also ungefähr 50000 Anschläge. Soviel ergibt sich etwa auch für jeden der folgenden Tausender bis hin zu „ten thousand". Bis dahin haben wir also ungefähr $30000 + 9 \cdot 50000$, grob gerechnet also 500000 Anschläge.
Bei den folgenden Tausendern bis schließlich hin zu „nine hundred and ninety-nine thousand, nine hundred and ninety-nine" haben wir ein ähnliches Verhalten wie oben. Eine sehr grobe Schätzung liefert für diese insgesamt knapp 100 Zehntausender ungefähr $100 \cdot 1000000 = 100000000$ Anschläge. Vielleicht ein wenig weniger, aber in dieser Größenordnung. Umgekehrt: Die durchschnittliche Länge einer Zahl, in Worten geschrieben, wird im Wesentlichen durch die großen Zahlen bestimmt, eben von Zahlen wie „seven hundred and seventy-seven thousand, seven hundred and seventy-seven" – mit dem anschließenden Komma und der Leertaste sind das nur für diese eine Zahl immerhin 80 Anschläge. Bei einer Million Zahlen dürfte also 80 Mio. Anschläge eine Abschätzung nach oben sein. Aber 60 Mio. Anschläge werden es schon sein... und das bedeutet $60000000 : 100 = 600000$ Minuten = 10000 Stunden reines Tippen. Nur Tippen, nichts anderes.

Angenommen, man würde jeden Tag, tagein, tagaus, insgesamt 4 Stunden tippen. Dann macht das 2500 Tage, also rund 7 Jahre. Les Stewart hat gut doppelt soviel Jahre gebraucht – das macht also durchaus Sinn. Jedenfalls war er nicht übermäßig schnell, und er hat wohl auch genug Pausen eingehalten ...

Die 60 Mio. Anschläge bedeuten übrigens 1 Mio. Zeilen zu je 60 Anschlägen (er wird nicht alle Zeilen immer bis zum Ende genutzt haben). Wenn auf eine Seite 50 Zeilen passen, sind das 20000 Seiten – das stimmt mit den von Les Stewart beschriebenen 19890 Seiten ausgesprochen gut überein.

Alles in allem: Die Angaben machen Sinn. Les Stewart hätte sich all das vorher ausrechnen können. Wenn er uns gefragt hätte. Ob er dann überhaupt angefangen hätte?

Übrigens: Heute, im Zeitalter der Textverarbeitung am PC, könnte man sich die Arbeit mit „Kopieren“ und „Einfügen“ erheblich erleichtern. Wie lange man dann dafür wohl bräuchte ...

H6 Nagellack für den Riesenfuß

- Wie viel Nagellack benötigt man wohl, um diese Zehennägel zu lackieren?

Aktivitäten

- Alltagswissen einsetzen
- Daten recherchieren
- plausible Annahmen machen
- Ergebnisse überprüfen

spezifische Kompetenzen

- Grundvorstellungen zu Flächen vertiefen
- Flächen und Volumen voneinander abgrenzen

Methodische Anregungen

- Nagellack mitbringen lassen
- Wird die Aufgabe über mehrere Tage bearbeitet, können Daten recherchiert werden: Inhalt Nagellackflasche, Verbrauch, …
- Eine typische Fehlerquelle ist ein rein proportionaler Ansatz zwischen den Fußmaßen und der benötigten Nagellack-Menge.

Hintergrundinformationen

Bezüglich der weiterführenden Frage zur Schuhgröße siehe B11 und G6.

Zum Weiterdenken

Die Aufgaben erweitern die Grundvorstellungen zu Proportionalität, Flächeninhalt und Volumen.

Dazu passende Aufgaben

B9 Puppentheater
B10 Riesenmund
B11 Schuhgröße
G4 Reisenfußball
G6 WM-Fußballschuhe
H1 Starke Frauen
H3 Hermannsdenkmal
H4 Spiegelei
H9 Langer Schal

Mögliche Lösung

Wie groß ist der Riesenfuß im Vergleich zu einem normalen Fuß?

Wenn man in dem Foto den Kopf des Mannes mit den Zehennägeln des Riesenfußes vergleicht, kann man die Breite der Riesen-Zehennägel auf vielleicht rund 10 bis 30 cm schätzen. Normale Zehennägel sind so ungefähr 0,5 bis 1,5 cm breit. Das spricht dafür, dass der Riesenfuß ungefähr im Maßstab 20 : 1 hergestellt wurde. (Eine Internetrecherche liefert für die Maße des Bronze-Fußes 3,5 m mal 2,3 m mal 5,15 m und bestätigt den Maßstab 1 : 20.) Alle Längenmaße sind also mit dem Faktor 20 vergrößert, alle Flächenmaße mit dem Faktor $20 \cdot 20 = 400$ und alle Volumen- und Gewichtsmaße mit dem Faktor $20 \cdot 20 \cdot 20 = 8000$.

Wie viel Nagellack wird dafür benötigt?

1. Weg: Vielleicht hat man/frau eine Nagellackflasche mit 10 ml Inhalt und weiß aus eigener Erfahrung, dass dies für 10 komplette Fußnägel-Lackierungen reicht. Also benötigt man rund 1 ml Nagellack für einmal Fußnägel lackieren. Die zu lackierende Fläche beim Bronze-Fuß ist 400 mal so groß, man braucht daher $400 \cdot 1$ ml = 400 ml – wenn man genauso dünn den Nagellack aufträgt. Ob das allerdings klappt? Jedenfalls wird es dauern ... (Wie lange wohl?)

2. Weg: Man kann die Fläche der eigenen Fußnägel bestimmen – etwa 8 cm^2 – und daraus auf die zu lackierende Nagelfläche des Bronze-Fußes schließen: ungefähr 3000 m^2. Wie dick wird der Nagellack aufgetragen? Vielleicht 1 mm dick? Dann ergäbe sich für das Volumen des benötigten Nagellacks ungefähr $3000\,cm^2 \cdot 0{,}1\,cm = 300\,cm^3 = 300$ ml.

Nagellack für den Riesenfuß H6

Anregungen für Schülerinnen und Schüler

Vielleicht helfen dir die folgenden Fragen:

- Wie groß sind die Zehennägel des Rekord-Fußes?
- Wie groß sind deine Zehennägel?
- Wie viel Nagellack benötigt man für deine Zehennägel?
- Wenn ein Riesen-Zehennagel zehnmal so lang und zehnmal so breit wie ein normaler Zehennagel wäre, wie viel mal so groß wäre dann die Fläche des Riesen-Zehennagels?

H7 Antikes Theater

- Wie viele Menschen hatten wohl in diesem alten griechischen Theater Platz?

© Wikipedia Commons

Aktivitäten
- Alltagswissen einsetzen
- plausible Annahmen machen
- systematisches Abzählen
- ggfs. Daten recherchieren
- Ergebnisse überprüfen

spezifische Kompetenzen
- Rechnen mit großen Zahlen

Methodische Anregungen
- Ein Maßband bereithalten, um zum Beispiel den Platzbedarf eines sitzenden Menschen zu messen.
- Im Bild ist nur ein Sektor des Theaters zu sehen. Die Schülerinnen und Schüler treffen eigene Annahmen über die Gestaltung der Tribüne (im Halbkreis angeordnet).

Hintergrundinformationen
Das große, in einen Hang gebaute Theater von Epidauros stammt aus dem 2. bis 3. Jahrhundert vor Christus. Die große Zuschauertribüne (*cavea*) bot etwa 14 000 Personen Platz.

Zum Weiterdenken
Die Fragen „Wie viele Personen passen in ...“ korrespondieren zu A1 „Schulversammlung“ und vertiefen das Rechnen mit Flächeninhalten und zugehörigen Maßeinheiten.

Dazu passende Aufgaben
A1 Schulversammlung
C1 Weihnachtsbaum
D7 Viel Platz zum Parken
H8 Weihnachtsbaum-Lichter

Mögliche Lösung

Im unteren Teil des Theaters sind 6 Sektoren erkennbar (der siebte Sektor beginnt andeutungsweise bei der stehenden Person unten links im Bild), jeweils getrennt durch die Aufgänge. Im oberen Teil des Theaters sind die Sektoren noch einmal durch zusätzliche Aufgänge in je zwei Teilsektoren aufgeteilt, ganz außen entfällt der Teilsektor. Im unteren Teil sind etwa 33 Reihen zu zählen, im oberen Teil etwa 22 Reihen.

Wie viele Menschen passen in eine Sitzreihe? Anhaltspunkte sind die Personen auf dem Foto und die in den oberen Reihen erkennbaren Steinplatten. Ganz unten, in der ersten Reihe, ist in jedem Sektor vielleicht Platz für 8 Personen, in der obersten Reihe des unteren Teils des Theaters sind es etwas mehr als doppelt so viel, sagen wir 18 Personen. Im oberen Teil beginnen wir entsprechend mit zweimal 9 Personen und enden in der letzten Reihe mit etwa zweimal 15 Personen. Dabei können wir einerseits die Länge der Reihen messen, insbesondere in dem direkt gegenüberliegenden Sektor, und andererseits versuchen, die Sitzplätze zu schätzen und zu zählen, soweit sie durch Steinplatten erkennbar sind.

Fassen wir die Zahlen nun zusammen:

Im unteren Teil haben wir in 12 Sektoren je 33 Reihen mit jeweils 8 bis 18 Plätzen, also im Schnitt etwa 13 Plätze je Reihe. Das bedeutet also $12 \cdot 33 \cdot 13 = 5148$ Plätze.

Im oberen Teil sind es in $2 \cdot 12 - 2 = 22$ Teil-Sektoren je 22 Reihen mit jeweils 9 bis 15 Plätzen, also im Schnitt etwa 12 Plätze je Reihe. Das bedeutet also $22 \cdot 22 \cdot 12 = 5\,808$ Plätze. Für das Theater insgesamt ergibt sich $5\,148 + 5\,808 = 10\,956$, also ungefähr 11 000 Plätze.

Antikes Theater H7

Anregungen für Schülerinnen und Schüler

Vielleicht helfen dir die folgenden Fragen:

- Wie viele Menschen passen wohl in die erste Reihe?
- Und wie viele in die letzte Reihe?
- Man sieht hier nur einen Teil des Theaters ...

H8 Weihnachtsbaum-Lichter

- Wie viele Lichter braucht man für diese Beleuchtung?

Aktivitäten

- Alltagswissen einsetzen
- plausible Annahmen machen
- systematisches Abzählen
- Daten recherchieren
- Ergebnisse überprüfen

spezifische Kompetenzen

- Grundvorstellungen zu Flächen vertiefen
- Rechnen mit Maßstäben

Methodische Anregungen

- Eine Kopie der Karte als Arbeitsblatt bereit halten, falls die Schülerinnen und Schüler gern auf dem Bild zeichnen möchten.
- Die Schülerinnen und Schüler können die Größe des Baumes anhand der Menschen am unteren Bildrand abschätzen (Maßstab ermitteln). Je nach dem, ob als Referenz eine Person weiter vorne oder weiter hinten auf dem Bild ausgewählt wird, schwankt die berechnete Baumhöhe.
- Die Anzahl der Lichter auf einem Ausschnitt (z.B. 1 cm^2 im Bild) der Baumoberfläche kann abgezählt werden. Hier werden die Schülerinnen und Schüler unterschiedliche Strategien der Flächenzerlegung und des Zählens einsetzen.
- Hilfestellungen zur Oberflächenbestimmung von Kegeln: Mit einem entsprechenden Papiermodell (Kreis mit eingeschnittenem Winkelsegment, das zu einem Kegel geformt werden kann) können die Schülerinnen und Schüler schon in den unteren Klassen die Fläche durch Auslegen mit Quadraten (Rechenkästchen) bestimmen.
- Die Aufgabe lässt eine Bearbeitung auf unterschiedlichem Niveau zu und eignet sich auch für höhere Klassenstufen. (Welchen Teil sollte man für ein möglichst genaues Ergebnis sinnvollerweise auszählen, wenn man von einer Gleichverteilung der Lichter auf der Kegeloberfläche ausgeht? Macht es einen Unterschied, ob der ausgezählte Ausschnitt von 1 cm^2 am Rand oder in der Mitte liegt? ...)

Mögliche Lösung

Wählt man eine Fläche von ungefähr 1 cm^2 auf der Vorderseite des Baums aus und zählt die Lichter, dann kommt man etwa auf 50 Lichter. (Je nachdem, wo das ausgezählte Quadrat liegt, schwankt die Anzahl der gezählten Lichter von ca. 40 bis ca. 70). Man geht von einer Gleichverteilung der Lichter auf der Baumoberfläche aus.

Anhaltspunkt für die Größe des Baumes kann eine Person auf dem Foto sein. Geht man von einer Person nahe am Baum aus, erhält man eine Baumhöhe von etwa 10 m. (Dabei wird die Größe der Person mit ca. 1,70 m geschätzt.)
Der Baum ist unten (teilweise verdeckt!) etwa 6 m breit (Durchmesser), hat also unten einen Umfang von etwa 19 m. Die Oberfläche des Baums (als Kegel betrachtet) beträgt also etwa $\frac{1}{2} \cdot 19\,\text{m} \cdot 10\,\text{m} \approx 100\,\text{m}^2$. Die Anzahl der Lichter lässt sich so auf ungefährt $100 \cdot 50 = 5000$ schätzen.

Zum Weiterdenken
Die zum Kontext der Weihnachtsbeleuchtung passende Aufgabe greift das Thema des proportionalen Zusammenhangs auf.

Dazu passende Aufgaben
C1 Weihnachtsbaum
H7 Antikes Theater

Hintergrundinformationen
Der Weihnachtsmarkt in Dortmund wirbt seit 1996 mit dem „Größten Weihnachtsbaum“ – an einem Stahlgestell werden 1700 einzelne Tannenbäume so befestigt, dass ein sehr großer Weihnachtsbaum entsteht: Höhe 45 m, Grundfläche 14 m × 14 m, Eigengewicht 30 t, Fundament 140 t, 13000 Lichter.

Weihnachtsbaum-Lichter H8

Anregungen für Schülerinnen und Schüler

Vielleicht helfen dir die folgenden Fragen:
- Wie hoch ist der Baum?
- Wie viele Lichter sind wohl in der „untersten Reihe“?
- Wie viele Lichter sind auf einer quadratischen Fläche von 1 Meter mal 1 Meter?
- Wie groß ist die „Oberfläche“ des Baums?

H9 Langer Schal

- Wie schwer ist der fertige Schal?

Aktivitäten
- Alltagswissen einsetzen
- plausible Annahmen machen
- Daten recherchieren
- Ergebnisse überprüfen

Methodische Anregungen
- Schal mitbringen lassen; Wollknäuel, Maßband, Waage bereithalten.

Mögliche Lösung
Wir wiegen einen mitgebrachten Fan-Schal – bei etwa 1,5 m Länge wiegt er vielleicht 200 g. Angenommen, der WM-Schal ist ebenso breit wie unser Fan-Schal, dann würden die 60 km etwa $60\,\text{km} \cdot (200\,\text{g} : 1{,}5\,\text{m}) = 60000\,\text{m} \cdot (200\,\text{g} : 1{,}5\,\text{m}) = 8\,000\,000\,\text{g} = 8\,000\,\text{kg} = 8\,\text{t}$ wiegen. Wirklich keine leichte Sache.

Zum Weiterdenken
Die weiterführenden Aufgaben erweitern die Grundvorstellungen zur Proportionalität und zur Oberfläche von Körpern.

Dazu passende Aufgaben
H10 Schal-Spirale

Hintergrundinformationen

Die Märkische Oderzeitung berichtete am 20.1.2006 ausführlich über dieses Strick-Projekt und zitiert die Leiterin eines der Teilprojekte: „Insgesamt 20 Kilometer sollen es werden. Das wären 3,1 Tonnen Wolle mit einem Materialwert von 48 000 Euro."

Das Dortmunder Online-Magazin vom 31.5.2006 weiß noch mehr: „Für einen Meter Schal braucht man etwa fünf Stunden, für zwei Kilometer Schal müsste eine einzige Person über 400 Tage ununterbrochen stricken." Ganz nach Vorschrift stricken die Frauen die Flaggen der 32 teilnehmenden Länder, und auch die Breitenvorgabe von 25 Zentimetern halten sie ganz penibel ein. Gelagert werden die Wollberge auf Erdkabeltrommeln bei den Unnaer Stadtwerken.

Langer Schal — H9

Anregungen für Schülerinnen und Schüler

Vielleicht helfen dir die folgenden Fragen:

- Wie breit wird wohl der Schal sein?
- Wie lang ist ein üblicher Fan-Schal?
- Wie schwer ist ein Fan-Schal?
- Wie viel Wolle braucht man für einen Fan-Schal?
- Wie viel wiegt ein Knäuel Wolle?

H10 Schal-Spirale

- 60 km Schal – das ist ganz schön lang. Wie viel Platz braucht der Schal, wenn wir ihn – wie auf dem Zeitungsfoto – spiralförmig auslegen, und zwar lückenlos dicht?

Aktivitäten

- Alltagswissen einsetzen
- plausible Annahmen machen
- Daten recherchieren
- Ergebnisse überprüfen

Methodische Anregungen

- mehrere Schals mitbringen lassen; Maßband bereithalten

Mögliche Lösung

Die wohl eleganteste Lösungsvariante blickt auf die ausgelegte Fläche: Die Fläche des langgestreckten Schals ist etwa $60\,\text{km} \cdot 0{,}25\,\text{m} = 60\,000\,\text{m} \cdot 0{,}25\,\text{m} = 15\,000\,\text{m}^2$. Auch die Schal-Spirale bedeckt dann ungefähr diese Fläche. Wie groß ist ein Kreis mit einer solchen Fläche? Entweder über die Kreisflächenformel oder durch Approximation mittels eines Quadrats ergibt sich als Radius etwa 70 m. Die Schal-Spirale passt also nicht ganz in ein Stadion.

Eine andere Idee ist, die Spirale durch eine Quadratspirale zu approximieren. Das sieht dann so aus:

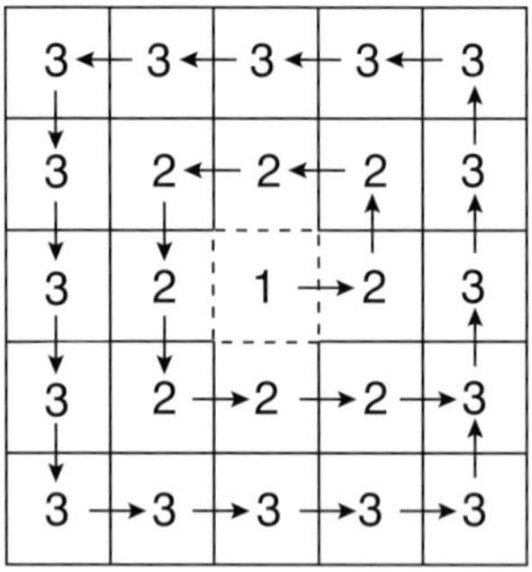

Die Breite eines kleinen Quadrats ist gerade die Breite des Schals, also etwa 25 cm. In die erste „Runde“ passt gerade ein einziges solches Quadrat, in der zweiten „Runde“ sind es 8 Quadrate, in der dritten Runde 16 ... Wie geht es weiter? In der vierten Runde sind es $4 \cdot 6$ Quadrate, in der fünften Runde $4 \cdot 8$ Quadrate usw.

Allgemein: In der Runde n ($n > 1$) sind es $4 \cdot 2 \cdot (n-1) = 8 \cdot (n-1)$ Quadrate. Aber was nützt uns das? Eigentlich brauchen wir die Gesamtlänge dieser „Quadrat-Spirale" – die ist aber noch einfacher: Die Gesamtlänge (die Anzahl der kleinen Quadrate) nach der Runde 1 ist 1, nach der Runde 2 ist sie 3^2, nach der Runde 3 ist sie 5^2, nach der Runde 4 ist sie 7^2, ..., nach der Runde n ist die Anzahl der kleinen Quadrate also $(2n-1)^2$.
Nun kommt's: Für 60 km Schal der Breite 25 cm ergeben sich

$$\frac{60\text{ km}}{25\text{ cm}} = \frac{60\,000\text{ m}}{25\text{ cm}} = \frac{6\,000\,000\text{ cm}}{25\text{ cm}} = 240\,000$$

kleine Quadrate des Maßes 25 cm x 25 cm. Wie viele „Quadrat-Spiral-Runden" brauchen wir dafür? Gesucht ist ein n mit der Eigenschaft $(2n-1)^2 = 240\,000$. Selbst ohne Kenntnisse zum Wurzelziehen ist das durch gezieltes Probieren mit dem Taschenrechner schnell ermittelt: $n = 245$ liefert $(2n-1)^2 = 239\,121$, und $n = 246$ liefert $(2n-1)^2 = 241\,081$. Wir brauchen also etwa 246 „Quadrat-Spiral-Runden". Dabei entsteht ein großes „Spiral-Quadrat" mit der Seitenlänge $(2n-1) \cdot 25\text{ cm} = 491 \cdot 25\text{ cm} = 12275\text{ cm} = 122\text{ m}$. Das stimmt sehr gut mit der ersten Lösung überein: Dort ergab sich ein Kreis mit einem Durchmesser von rund 140 m.

Zum Weiterdenken

Die weiterführenden Aufgaben erweitern die Grundvorstellungen zur Proportionalität und zum Flächeninhalt.

Dazu passende Aufgaben

G7 Fußball-Fülle
H9 Langer Schal

Schal-Spirale H10

Anregungen für Schülerinnen und Schüler

Vielleicht helfen dir die folgenden Fragen:

- Wie breit ist der 60-Kilometer-Schal?
- Lege einmal einen normalen Schal spiralförmig aus.
- Wie lang ist er, welche Fläche bedeckt er?
- Wie lang ist der Schal auf dem Foto?
- Welche Fläche bedeckt die Schal-Spirale auf dem Foto?
- Wie wäre das dann bei dem 60-km-WM-Schal?

H11 Joghurt-Becher bis zum Mond

- 42 Jahre lang alle Joghurtbecher dieser Welt aufeinander gestapelt – reicht das bis zum Mond?

Aktivitäten

- Alltagswissen einsetzen
- plausible Annahmen machen
- Daten recherchieren
- Ergebnisse überprüfen

Methodische Anregungen

- Wenn mehrere Joghurtbecher bereitstehen, kann gestapelt und gemessen werden.
- Wird die Aufgabe über mehrere Tage bearbeitet, können Daten recherchiert werden (Joghurt-Verbrauch, Abstand Erde-Mond, ...).
- Typische Fehlerquelle ist, von dem eigenen Joghurtverbrauch einfach auf die Weltbevölkerung hochzurechnen, und das über die 42 Jahre hinweg.

Mögliche Lösung

Wie viel Joghurt wird wohl bei uns pro Kopf verbraucht? Hier kann man eine Umfrage in der Klasse starten – oder eine Recherche, etwa im Internet. Oder mutig schätzen. Der jährliche Pro-Kopf-Joghurtverbrauch in Deutschland liegt derzeit etwa bei 20 kg, er lag vor 20 Jahren etwa bei 10 kg, vor 40 Jahren etwa bei 2 kg. Geht man von durchschnittlich 10 kg pro Kopf und Jahr aus, dann ergeben sich in den 42 Jahren pro Kopf 420 kg Joghurt. Das sind immerhin 2800 Joghurtbecher mit je 150 g.
Wir messen nach: Ein Joghurtbecher ist vielleicht 8 cm hoch – das bedeutet dann, aufeinandergestapelt, immerhin 22 400 cm, also gut 200 Meter. Pro Person. Hochgerechnet auf Deutschland sind das deutlich über 1 Mio. Kilometer Joghurtbecher aufeinandergestapelt. Das reicht mehr als zweimal bis zum Mond. Nur Deutschland betrachtet.

Hintergrundinformationen

Abstand Erde–Mond: 356 400 km bis 406 700 km, im Mittel 384 400 km.

Der Verbrauch von Joghurt und andere Milchmischerzeugnisse hat zugenommen, von 21,9 kg/Person in 1995 auf 28,5 kg/Person in 2005.

Quelle: http://www.spiegel.de/wissenschaft/mensch/0,1518,451728,00.html

Zum Weiterdenken

Die weiterführenden Aufgaben erweitern die Grundvorstellungen zur Proportionalität.

Dazu passende Aufgaben

B3 Hmmm, wie lecker
G3 Schreiben und Lesen
G5 Graf- und Becker-Bälle
G8 Schwimmzüge
G9 Autogramme
G10 Fernsehen
G11 Spielfeld-Kreide
H12 Marmeladenbrote

Joghurt-Becher bis zum Mond H11

Anregungen für Schülerinnen und Schüler

Vielleicht helfen dir die folgenden Fragen:

- Wie viele Joghurtbecher fallen wohl an deiner Schule an einem Schultag an?
- Wie viele sind es in deiner Familie pro Tag?
- Wie viele Menschen auf der Welt verwenden Joghurtbecher?
- Wie war das wohl früher?
- Ach so: Wie weit ist denn der Mond entfernt?

H12 Marmeladenbrote

- Elf Jahre lang nur Marmeladen-Brote – stimmt es, dass die gegessene Marmelade den Kofferraum von 13 Autos füllen würde?

Aktivitäten

- Alltagswissen einsetzen
- plausible Annahmen machen
- Daten recherchieren
- Ergebnisse überprüfen

Methodische Anregungen

- Stehen Marmeladengläser bereit (ggfs. mitbringen lassen), kann ihr Volumen gemessen und evtl. die entsprechende Marmeladenmenge abgelesen/gewogen werden.
- Wird die Aufgabe über mehrere Tage bearbeitet, können Daten recherchiert werden (Marmeladen-Verbrauch, Größe Kofferraum, ...)

Mögliche Lösung

1. Weg: Man geht von den Angaben im Zeitungsartikel aus und schließt auf die tägliche Marmeladen-„Ration". 13 Autokofferräume ... – wie groß ist ein üblicher Autokofferraum? Vielleicht 250 bis 500 Liter, wenn es kein Kombi ist und man nicht die Rücksitzlehne umlegt. Dann sind 13 · 350 Liter auf 11 Jahre zu verteilen, macht etwa 400 Liter pro Jahr. Pro Tag ist das rund 1 Liter. Das ist kaum zu glauben – das wären immerhin zwei große „Halbe-Liter-Gläser" Marmelade jeden Tag!
Vielleicht wurde die Marmelade auch nicht einfach „in die Kofferräume gegossen", sondern Glas für Glas hineingestapelt. Wie viel passt dann hinein? Ein 390 ml-Glas ist passend für 500 g Marmelade und braucht nicht ganz 10 cm × 10 cm × 10 cm, also 1 dm^3 = 1 l. Dann passen in die 13 Kofferräume nur etwa ein Drittel der Marmeladenmenge hinein, und das führt dann zu einem Marmeladen-Verbrauch von weniger als einem halben Liter am Tag. Das ist immerhin nur ein solches Marmeladenglas, Tag für Tag ... nicht wenig.
2. Weg: Man könnte umgekehrt von einem denkbaren Marmeladen-Verbrauch ausgehen. Pro Brotscheibe zwei Teelöffel Marmelade, das sind ungefähr 20 ml. Wer sich nur von Marmeladen-Broten ernährt, muss davon natürlich ein paar mehr essen, klar. Vielleicht 20 Brote am Tag? Das macht täglich 20 · 20 ml = 400 ml. Also ein ganzes Marmeladenglas. Immerhin. Dafür brauchen wir dann für die 11 Jahre – siehe oben – vielleicht auch die 13 Kofferräume. Wenn's kein Kombi ist.

Zum Weiterdenken

Die weiterführenden Aufgaben erweitern die Grundvorstellungen zur Proportionalität. Die Marmeladenbrot-Aufgabe kann Anlass sein, über Ernährungsgewohnheiten zu sprechen. Dies ist jedoch für einige Schülerinnen und Schüler ein sensibles Thema, ebenso wie die sich anbietende Datenerhebung zum eigenen Nahrungsmittelverbrauch.

Hintergrundinformationen

Mit Marmeladenglas Überfall verhindert
Einen Überfall auf seinen Gemüseladen in Ottendorf-Okrilla (Kreis Kamenz) hat der 64 Jahre alte Inhaber am Mittwoch mit einem beherzten Wurf mit dem Marmeladenglas vereitelt. Der etwa 40- bis 45-jährige Täter hatte von ihm mit einem pistolenähnlichen Gegenstand die Herausgabe von Geld gefordert, teilte die Polizeidirektion Oberlausitz-Niederschlesien gestern mit. Das 500 Gramm schwere Glas streifte den Räuber, der fliehen konnte. *Lausitzer Rundschau* am 1.12.2006

Dazu passende Aufgaben

B1 Weite Wege
B3 Hmmm, wie lecker
B8 Herzschlag
G3 Schreiben und Lesen
G5 Graf- und Beckerbälle
G8 Schwimmzüge

Marmeladenbrote H12

Anregungen für Schülerinnen und Schüler

Vielleicht helfen dir die folgenden Fragen:

- Wie viel Marmelade ist auf einer Brotscheibe?
- Wie viele Scheiben Brot isst Craig am Tag?
- Wie lange reicht ein Glas Marmelade?
- Wie viel Platz ist in einem Auto-Kofferraum?

	A1	A2	A3	A4	A5	A6	A7	A8	A9	A10	A11	A12	B1	B2	B3	B4	B5	B6	B7	B8	B9	B10	B11	B12
Anzahlen und Größen veranschaulichen	X	X					X		X	X	X		X				X	X	X	X				
Daten aus Abbildungen entnehmen			X																		X	X	X	X
Messen	X	X				X	X		X	X							X	X		X				
Experimentieren						X								X						X				
Große Zahlen																								
Längen		X	X						X		X	X	X			X							X	X
Flächen	X																X							
Volumen							X			X														
Maßeinheiten	X	X	X	X		X	X	X																
Zeit				X										X		X				X				
Gewicht								X							X									

	C1	C2	C3	C4	C5	C6	C7	C8	D1	D2	D3	D4	D5	D6	D7	D8
Anzahlen und Größen veranschaulichen	X	X				X	X			X	X	X	X	X	X	
Daten aus Abbildungen entnehmen	X	X	X	X	X				X	X	X					
Messen	X			X						X	X					
Experimentieren						X										
Große Zahlen	X	X	X				X	X			X				X	X
Längen										X	X	X				
Flächen											X	X			X	
Volumen		X	X		X	X	X				X					
Maßeinheiten			X		X	X				X	X	X			X	
Zeit				X		X	X	X			X				X	X
Gewicht		X			X											

	E1	E2	E3	E4	E5	E6	E7	E8	F1	F2	F3	F4	F5	F6	F7	F8
Anzahlen und Größen veranschaulichen	X			X		X			X	X	X				X	
Daten aus Abbildungen entnehmen						X					X					X
Messen	X						X						X	X	X	X
Experimentieren		X														
Große Zahlen		X				X		X	X	X	X	X	X			X
Längen	X							X	X		X			X		
Flächen	X		X				X									X
Volumen			X		X											
Maßeinheiten			X			X	X		X				X	X		X
Zeit						X		X	X	X	X	X	X			X
Gewicht																

	G1	G2	G3	G4	G5	G6	G7	G8	G9	G10	G11	G12	H1	H2	H3	H4	H5	H6	H7	H8	H9	H10	H11	H12
Anzahlen und Größen veranschaulichen		X	X		X			X	X	X	X	X		X			X						X	X
Daten aus Abbildungen entnehmen	X			X		X	X						X		X	X		X	X	X		X		
Messen	X		X			X	X				X	X	X	X	X	X	X	X		X	X		X	X
Experimentieren	X		X			X	X				X	X	X	X	X	X	X	X			X	X	X	X
Große Zahlen		X	X	X	X	X	X	X	X	X	X	X	X	X	X		X	X	X	X	X	X	X	X
Längen				X		X	X				X		X		X	X		X			X	X		X
Flächen						X	X				X		X		X	X		X			X	X		X
Volumen	X	X		X		X																		X
Maßeinheiten	X	X		X		X	X	X			X	X	X		X	X		X		X	X	X	X	X
Zeit			X					X		X		X					X						X	X
Gewicht	X	X				X					X				X			X			X			X

So schnell kommt man auf den Geschmack ... Literatur zum Vertiefen

Beerli, Guido (2003): Mathbu.ch: Realitätsbezug im Unterricht mit Fermifragen. Beiträge zum Mathematikunterricht. Franzbecker, Hildesheim.

Büchter, Andreas/Leuders, Timo (2005): Mathematikaufgaben selbst entwickeln. Cornelsen Scriptor, Berlin.

Furjanic, Daniel; Müller, Rainer (2001a): Fermiprobleme und ihre Einbettung in den Unterricht. – In: Praxis der Naturwissenschaften – Physik in der Schule, Jg. 50, Heft 8, Aulis, Köln, S. 26–33.

Furjanic, Daniel/Müller, Rainer (2001b): Fermiprobleme im unterrichtspraktischen Einsatz. – In: Praxis der Naturwissenschaften – Physik in der Schule, Jg. 50, Heft 8, S. 34–36.

Herget, Wilfried (1999): Ganz genau – genau das ist Mathe! – In: mathematik lehren, Heft 93, Friedrich Verlag, Seelze, S. 4–9.

Herget, Wilfried (2000b): Wie groß? Wie hoch? Wie schwer? Wie viele? Mathe-Welt. – In: mathematik lehren, Heft 101, Friedrich Verlag, Seelze, S. 23–46.

Herget, Wilfried (2001): Ein Bild sagt mehr als 1000 Worte... Messen, Schätzen, Überlegen – viele Wege, viele Antworten. – Material für den BLK-Modellversuch SINUS.

Herget, Wilfried (2003): Riesenschuhe und barttragende Biertrinker – Mathematische Aufgaben aus der Zeitung – In: Aufgaben. Lernen fördern – Selbstständigkeit entwickeln. Jahresheft XXI/2003 aller pädagogischen Zeitschriften des Erhard Friedrich Verlages, in Zusammenarbeit mit Klett. – Friedrich, Velber, S. 26–29.

Herget, Wilfried/Jahnke, Thomas/ Kroll, Wolfgang (2001): Produktive Aufgaben für den Mathematikunterricht in der Sekundarstufe 1. Cornelsen, Berlin.

Herget, Wilfried/Klika, Manfred (2003): Fotos und Fragen. Messen, Schätzen, Überlegen – viele Wege, viele Ideen, viele Antworten. – In: mathematik lehren, Heft 119, Friedrich Verlag, Seelze, S.14–19.

Herget, Wilfried (2006): Typen von Aufgaben. – In: Blum, W./Drüke-Noe, Ch./Hartung, R./Köller, O. (Hg.): Bildungsstandards Mathematik: konkret. Sekundarstufe I: Aufgabenbeispiele, Unterrichtsanregungen, Fortbildungsideen. – Cornelsen Scriptor, Berlin 2006, S.178–193.

Hußmann, Stephan/Leuders, Timo (2006): Der Ball ist gar nicht rund – Merkwürdiges und Interessantes rund um die Fußball-WM. Praxis der Mathematik in der Schule 9.

Jahnke, Thomas (1997): Stunden im Stau – eine Modellrechnung. – In: Blum, W./König, G./ Schwehr, S. (Hrsg.): Materialien für einen realitätsbezogenen Mathematikunterricht. ISTRON-Schriftenreihe, Bd. 4. – Hildesheim: Franzbecker, S.70–81.

Kittel, Andreas/Marxer, Michael (2005): Wie viele Menschen passen auf ein Fussballfeld? Mit Fermi-Aufgaben individuell fördern. – In: mathematik lehren, Heft 131, Friedrich Verlag, Seelze S.14–18.

Kaufmann, Sabine (2006): Umgang mit unvollständigen Aufgaben. Fermi-Aufgaben für die Grundschule. – In: Die Grundschulzeitschrift, Heft 191, Friedrich Verlag, Seelze, S.16–20.

Laakmann, Heinz (2005): Werbung und Mathematik – oder: Rasiert man(n) in 18 Monaten ein Fußballfeld? Praxis Mathematik in der Schule 3, Aulis, Köln, S.14.

Leuders, Timo (2001): Qualität im Mathematikunterricht. Cornelsen Scriptor. Leuders, Timo/Leiß, Dominik (2006): Realitätsbezüge – In: Blum, W. u.a. (Hsg.): Bildungsstandards Mathematik: konkret. Sekundarstufe I: Aufgabenbeispiele, Unterrichtsanregungen, Fortbildungsideen. – Cornelsen Scriptor, Berlin 2006, S.194–206.

Maaß, Katja (2005): Stau – eine Aufgabe für alle Jahrgänge! – In: Praxis der Mathematik in der Schule 3, Aulis, Köln, S.8–13.

Müller, Rainer (2001): Fermiprobleme als Beitrag zu einer neuen Aufgabenkultur. – In: Praxis der Naturwissenschaften – Physik in der Schule, Jg. 50, Heft 8, S. 2–7.

Peter-Koop, Andrea (1999): „Das sind so ungefähr 30 000". Schätzen und Überschlagsrechnen „aus der Sache heraus". – In: Die Grundschulzeitschrift, Heft 125, Friedrich Verlag, Seelze, S.12–15.

Peter-Koop, Andrea (2003): „Wie viele Autos stehen in einem 3-km-Stau?" – Modellbildungsprozesse beim Bearbeiten von Fermi-Problemen in Kleingruppen. – In: Ruwisch, Silke/Peter-Koop, Andrea (Hrsg.): Gute Aufgaben im Mathematikunterricht der Grundschule. – Offenburg: Mildenberger, S.111–130.

1. Auflage 1 7 6 5 | 14

Alle Drucke dieser Auflage sind unverändert und können im Unterricht nebeneinander verwendet werden.
Die letzte Zahl bezeichnet das Jahr des Druckes.
Das Werk und seine Teile sind urheberrechtlich geschützt. Jede Nutzung in anderen als den gesetzlich zugelassenen Fällen bedarf der vorherigen schriftlichen Einwilligung des Verlages. Hinweis § 52 a UrhG: Weder das Werk noch seine Teile dürfen ohne eine solche Einwilligung eingescannt und in ein Netzwerk eingestellt werden. Dies gilt auch für Intranets von Schulen und sonstigen Bildungseinrichtungen. Fotomechanische oder andere Wiedergabeverfahren nur mit Genehmigung des Verlages.

© Ernst Klett Verlag GmbH, Stuttgart 2010. Alle Rechte vorbehalten. www.klett.de
verlag für pädagogische medien (vpm). www.vpm-verlag.de

Autoren: Andreas Büchter, Wilfried Herget, Timo Leuders, Jan Hendrik Müller

Gestaltung: Friedrich Medien-Gestaltung
Umschlaggestaltung: Friedrich Medien-Gestaltung
Satz: Friedrich Medien-Gestaltung
Druck: AZ Druck und Datentechnik GmbH, Kempten

Printed in Germany
ISBN 978-3-12-011279-2

9 783120 112792